GABOR STEINGART

Die unbequeme Wahrheit

Rede zur Lage unserer Nation

Sollte diese Publikation Links auf Webseiten Dritter enthalten, so übernehmen wir für deren Inhalte keine Haftung, da wir uns diese nicht zu eigen machen, sondern lediglich auf deren Stand zum Zeitpunkt der Erstveröffentlichung verweisen.

Verlagsgruppe Random House FSC® N001967

2. Auflage
Copyright © 2020 Penguin Verlag
in der Verlagsgruppe Random House GmbH,
Neumarkter Str. 28, 81673 München

Alle Infografiken mit freundlicher Genehmigung von
ThePioneer Infografik, powered by statista/forsa
Grafik: Janka Meinken
Umschlaggestaltung: Büro Jorge Schmidt
Umschlagabbildung (Autorenfoto): © .sxi | Denis Ignatov
Satz: Vornehm Mediengestaltung
Druck und Bindung: Friedrich Pustet KG
Printed in Germany
ISBN 978-3-328-60112-8
www.penguin-verlag.de
Dieses Buch ist auch als E-Book erhältlich.

Liebe Freundin!
Lieber Freund!

Entschuldige bitte, dass ich mich so unmittelbar an dich wende. Aber nach allem, was wir gemeinsam durchlebt und durchlitten haben, sind die Gefühle des Vertrautseins stärker als die der Fremdheit.

Wir waren gemeinsam allein.

Inmitten unserer Wohnquartiere hat man uns isoliert. Ängstlich sind wir einander auf der Straße ausgewichen.

Politisch waren wir auf stumm geschaltet.

Die Staatsgewalt hielt uns zu erhöhter Reinlichkeit an: Händewaschen! Zweimal »Happy Birthday« dabei singen! Und den Daumen nicht vergessen.

Der Surrealismus hatte das Museum verlassen.

In deinen Augen spiegeln sich die dramatischen Vorgänge einer Zeit, die jetzt für immer die unsere ist. Ich sehe dich an – und erkenne mich selbst. Wir sind einander verbunden.

Gerne möchte ich mit dir sprechen, und zwar so deutlich, wie schon lange niemand mit dir gesprochen hat. Es handelt sich um eine Ruhestörung, aber eine, die uns beiden guttun wird. Es geht darum, die Erst- und Einmaligkeit dieser Ereignisse für unser Leben besser zu verstehen, die aufkeimende Mutlosigkeit zu bekämpfen und das Festival der Apokalypse, das Regierung und Robert Koch-Institut in unseren Köpfen veranstaltet haben, ohne weitere Zugabe zu beenden.

Zukunft ist nichts, was wir machen. Zukunft ist etwas, das überall auf der Welt entsteht und das wir zulassen müssen.

Immer wieder gibt es in der Weltgeschichte stolze Nationen, die ihre Zukunft verpasst haben, wie man einen Zug verpassen kann. Aus Unschlüssigkeit. Aus Trödelei. Weil man abgelenkt ist. Weil man in der Annahme lebt, das sei zwar ein Zug, aber noch nicht der eigene.

In so einer Nation leben wir beide. Wir stehen als Gesellschaft an der Bahnsteigkante, manche versteinert, viele verbittert, noch immer erschöpft von den Erregungszyklen der Pandemie. Du und ich mittendrin. Eine innere Stimme spricht, aber sie spricht undeutlich.

Womöglich fehlt dem Zug der Zugführer. Die Abteile wirken verhangen. Unsere Füße, bleischwer.

Schäme dich nicht deines Unbehagens, mein Freund. Du bist nicht allein. Dieses Unbehagen ist womöglich das Wertvollste, was wir jetzt haben. Wir ahnen mehr, als wir wissen. Unser künftiges Leben wird keine Fortsetzung des bisherigen sein.

Lass uns jetzt nicht mutlos, sondern lass uns wachsam sein. Die Welt verformt sich vor unseren Augen, ohne dass jemand mit uns darüber gesprochen hätte. Öffne dein Fenster heute Nacht, mein Freund, und wenn du in die Stille hinaushorchst, kannst du hören, wie die tektonischen Platten unter deinem Leben sich verschieben.

Unser Gespräch benötigt nicht viel deiner Zeit, wohl aber eine Extraportion Tapferkeit, und das von uns beiden. Ich verspreche, dass ich zu dir wahrhaftig sein werde und mich nicht im Ton der Endzeittrommler an dich wende. Die Politiker haben, aufgeputscht durch das schicksalhafte Virus und dessen Bekämpfung, ohnehin keine Aufmerksamkeitsreserve für dich übrig.

Wie in Trance bewegen sie sich durch eine global komponierte Weltuntergangssymphonie, auf deren erlösenden Schlussakkord sie bisher vergeblich warten. Dass sie das Gegenwärtige auf Kosten des Zukünftigen retten, nehmen sie in Kauf.

Ich erspare dir die rhetorische Fürsorglichkeit einer politischen Elite, die sich in Ermangelung eigener Zukunftsentwürfe und angesichts geschrumpfter Vitalitätsreserven auf das Herstellen einer permanenten Gegenwart verlegt hat. Nur in der Krise überwindet sie ihre innere Ermattung. Man hat das Gefühl, sie braucht den heimtückischen Gegner, der sie zur Aktion treibt und der ihr Macht verleiht.

Deshalb vergröbert und vergrößert sie alles:
    Das Killervirus.

Der Klimanotstand.
Die Bevölkerungsexplosion.
Die Flüchtlingsflut.
Die zweite Welle.

Mit großer Inbrunst und ohne strategische Nachdenklichkeit wird das vermeintlich Bewährte gegen das unbekannte Neue verteidigt. Die Welt von gestern – bewohnt von Fabrikarbeitern, Parteifunktionären und Zeitungsverlegern mit ihren Premiumprodukten Verbrennungsmotor, Kohlestrom, Klatschparteitag und einem durch Buchstaben veredelten Kieferngehölz – soll um jeden Preis weiter existieren, nur eben unterm Rettungsschirm. Hier findet der Gegenwartspolitiker seine Nährstoffe, die er zur Vorbereitung auf den nächsten Wahlkampf dringend braucht.

Du und ich, wir werden in Zeiten der permanenten Katastrophe von den Rettungspolitikern zuvorkommend behandelt, worüber wir uns hier nicht beschweren wollen. Erst nahm man uns wichtige Grundrechte weg, als da wären: die Gewerbefreiheit, die Bewegungsfreiheit und die Demonstrationsfreiheit. Man rückte die Ferienhäuser bis hinter den Horizont, sodass sie nur noch im Traum zu betreten waren.

Nun umschmeichelt man uns.

Wir werden gelobt für das fleißige Händewaschen und das Halten der Distanz. Auch unsere sorgsam unterdrückte Aufmüpfigkeit rechnet man uns hoch an.

Im Angesicht der Gefahr haben wir Bürgerlein uns als folgsame Untertanen erwiesen. Das muss gefeiert werden. Und zwar schon deshalb, weil ein Regieren mit Notstandsverordnung, bei dem Parlamentarier durch Professoren eines Expertenkollektivs ersetzt wurden, auch in Zukunft sicher noch gebraucht wird. Die Tür zum autoritären Durchregieren ist geöffnet, und niemand hat jetzt die Absicht, eine Mauer zu bauen.

Die Staaten Europas sind, verunsichert durch die Wucht der Pandemie und abgestoßen von der politischen Kaltschnauze in Amerika, der Führung in Peking geistig näher gerückt, als es uns recht sein kann. Tagsüber spricht man weiter von den »westlichen Werten«, lobt Rechtsstaat und Demokratie, Reisefreiheit, Religionsfreiheit und mit aufgesetzter Fröhlichkeit auch die zu allen Zeiten lästige Meinungsfreiheit. Doch des Nachts träumt man im Berliner Regierungsbezirk, in Downing Street No. 10

und im Élysée-Palast den chinesischen Traum, in dem das Volk als Masse auftaucht, die nicht gehört, nur geknetet werden muss.

In der Krise war Angela Merkel dichter bei Mao als bei sich selbst: »Wir sind verpflichtet«, sagte der große Führer der Kulturrevolution, »das Volk zu organisieren.« Jetzt keine Diskussionsorgien, fügte eine gestrenge Kanzlerin hinzu.

Liebe Freundin, lieber Freund, ich möchte angesichts der Lage offen mit dir sprechen. Auf die gespielte Anteilnahme unserer Geistlichen sollten wir diesmal verzichten. Die Priester haben nach allem, was sich im Kerzenlicht ihrer Sakristeien ereignet hat, genug damit zu tun, das eigene Seelenheil zu retten.

Wenn ein Haus in Flammen steht, dann ihr Gotteshaus. Von ihnen können wir derzeit nichts lernen.

Ich verspreche, dass ich mich deutlicher und unmittelbarer mit dir beschäftigen werde, als Gewerkschaft und Arbeitgeberverband es je getan haben und es je tun werden. Beide schlafen im King-Size-Bett der Sozialpartnerschaft, wo man sich gegenseitig den Rücken krault und keine unbequemen

Fragen stellt. Hier pflegt man von Kopfkissen zu Kopfkissen den wohltemperierten Ton, der nicht deiner Klarheit, wohl aber ihrer Beziehungspflege dient. »Pillow talk« nennen das die Amerikaner.

Liebe Freundin, lieber Freund, ich möchte angesichts der Lage gemeinsam mit dir an den Verbotsschildern der politischen Korrektheit vorbeischauen und die alberne Pressspanplatte vor unserem Kopf entfernen, die man uns dort angenagelt hat. Sie saß schon vor der Pandemie ein wenig locker.

Die Häuptlinge vom Stamm der ewig Entrüsteten, die ohne Rast und Gnade, dafür aber in tiefer Gedankenlosigkeit das Alphabet der Political Correctness zu ihrer Muttersprache erklärt haben, können uns jetzt nicht mehr beirren. Wir rufen ihnen zu:

Entpört euch!

Selbst denken befreit, und neu denken erfrischt.

Demokratie beginnt, wenn andere wollen, dass du schweigst.

*

Viele behaupten, diese Coronakrise werde sich als »Wendepunkt der Menschheitsgeschichte« erweisen. Danach werde »nichts so sein wie zuvor«, lautet die gebräuchliche Redewendung in unseren Medien. Wir kennen diese journalistischen Fertigbauteile aus der Zeit nach den Terroranschlägen von 9/11; und auch im Gefolge der Lehman-Pleite waren sie in Mode. Viele Journalisten haben sie in routinierter Gedankenlosigkeit in ihre aktuellen Texte hineinmontiert.

Realistischer aber ist die Annahme, dass diese Krise sich eben nicht als Wendepunkt, sondern als Beschleuniger erweist. Unsere Demokratie stand schon vorher unter Spannung. Man nimmt ihr übel, dass sie langsamer reagiert als die Flash Boys der Börse, die sich auf den Hochfrequenzhandel verstehen. Man wirft ihr vor, dass sie grübelt und zweifelt, während in China das ZK der Partei die Executive Orders ausspuckt wie der Parkscheinautomat die Scheine.

Keine Sorge, mein Freund: Die Demokratie wird auch jetzt nicht beseitigt, nur weiter geschmirgelt und geschliffen. Die Eliten verfolgen im stillen Einverständnis der unterschiedlichen Parteien ein ehrgeiziges Projekt: Sie wollen vom Volk ihre Souveränität zurück.

Unser Staat ist nach Corona nicht mehr der alte. Er hat sich selbst ermächtigt. Er will sich spüren. Er möchte wieder Herr im Hause sein. Der Ausnahmezustand ist sein neues Lebenselixier.

Die Marktwirtschaft mit ihren um sich selbst kreisenden Fixsternen von Angebot und Nachfrage war ihm in Wahrheit schon vorher suspekt. Immer, wenn man nach diesen Sternen griff, schienen sie in einer anderen Galaxie verschwunden. Nie wusste Vater Staat, ob da ein Stern aufstieg, der den Untertanen Prosperität versprach, oder ob da doch nur wieder ein leuchtendes Etwas seinem Verglühen entgegensauste, was für die Untertanen ein Leben in der Verschattung bedeuten könnte.

Seit jeher gibt es die Angewohnheit, den Wohlstand der eigenen Gegenwart auf Kosten anderer Menschen zu organisieren. Früher expandierte man mithilfe des Militärs in fremdes Territorium, um die Konsumwünsche der eigenen Bevölkerung zu befriedigen. Alle Nationen, selbst die verspäteten, wussten, wie das funktioniert.

»Nicht durch Reden oder Majoritätsbeschlüsse«, so Bismarck am 30. September 1862, »werden die großen Fragen der Zeit entschieden, sondern durch Eisen und Blut.«

Heute, und daran kann man den Fortschritt der Zivilisation erkennen, werden die großen Menschheitsfragen weniger martialisch, aber nicht weniger effektiv entschieden. Eisen und Blut hat man durch die Notenpresse ersetzt.

Sie ist es, die heute den lautlosen Einmarsch in das Territorium künftiger Generationen organisiert. Die Ausbeutung der noch zu gebärenden Arbeitskraft ist beschlossene Sache, bevor die Eltern überhaupt beschlossen haben, Eltern zu werden.

Dieser Krieg ist für die kommende Generation verloren, ohne dass ein Schuss gefallen wäre. Das Rattern der Notenpresse ist deutlich humaner als das Rattern der Maschinengewehre.

Der künftige Mensch wird nicht erschossen, nur versklavt.

Der neue Untertan muss nicht bluten, nur zahlen.

Seine Arbeits- und Steuerkraft füllt mit der Zeitverzögerung von Dekaden auch die Liquiditätslücke des Jahres 2020, wie der kleine Untertan später in der Grundschule lernen wird. Das Wort »Generationengerechtigkeit« erfährt in diesen Tagen seine zynische Übersetzung.

Die Kosten der Gegenwart werden kurzerhand auf jene Treuhandkonten transferiert, die, wie bei Wirecard in Asien, noch immer auf Befüllung warten.

Die Kolonialisierung der Zukunft hat begonnen.

*

Ökonomisch erwartet uns nach der Pandemie nicht das Ende der Globalisierung, wie vielerorts prophezeit wird, und auch nicht der Zerfall Europas, sondern eine Welt der beschleunigten Digitalisierung.

Corona war die Preview auf unser künftiges Leben.

Das Virus funktioniert wie ein gestrenger Lehrmeister.

Es hat über Nacht das traditionelle, das analoge Leben unterbrochen – den Kulturbetrieb, den Flugverkehr, die Sportveranstaltungen, den schulischen Präsenzunterricht und den stationären Einzelhandel –, um dich, mein Freund, mit herrischer Geste in die Rituale der digitalen Welt, des Second Life, einzuführen.

Die Kathedralen unseres alten Lebens – die Flughäfen und die Shoppingcenter – waren verwaist. Wie Kinder, die Angst vor der wilden Nordsee haben, hat man uns hineingeschubst in die Welt des Streamings, der Videokonferenzen, des E-Sports und der digitalen Lehrmittel; seither tauchen wir immer tiefer ein in die Paläste des E-Commerce, in die Showrooms der digitalen Dienstleister und durchschwimmen die Kontakthöfe der algorithmischen Partnervermittler.

Alle elf Sekunden verliert sich ein Single.

Corona wurde zu einer teuer erkauften Nachhilfe im Fach »Zukunftskunde«. Überrascht stellen wir fest: Die verborgene Grotte zur neuen Welt befindet sich gleich unterm Handydisplay.

Das Neue ist nach dieser Pandemie nicht mehr neu, sondern selbstverständlich.

Wir sind nicht mehr nur Beobachter, sondern Agenten einer neuen Zeit.

Von vorn feuert man uns an. Von hinten werden wir sanft gestupst. Wir sind nicht mehr die, die wir waren. Unwillkürlich fühlt man sich an Stefan Zweigs *Die Welt von Gestern* erinnert:

»Jeder war Zeuge dieser ungeheuren Verwandlungen. Für unsere Generation gab es kein Entweichen, kein Sich-abseits-Stellen wie in den früheren. Ständig musste man sich ... den fantastischsten Veränderungen anpassen, immer war man an das Gemeinsame gekettet. So erbittert man sich wehrte; es riss einen mit, unwiderstehlich. Das neue Jahrhundert wollte eine neue Ordnung, eine neue Zeit.«

Nur haben die politisch Verantwortlichen diese Nachhilfestunde der Wirklichkeit für sich gar nicht angenommen. Wie im Gespräch unter Schwerhörigen spricht jeder seine in früherer Zeit abgesicherten Texte.

Der eine fordert Solidarität, der andere versteht Steuersenkung.

Wir sagen Amazon, sie hören Kaufhof.

Die digitale Welt ist erkennbar nicht die ihre. Sie schauen ungerührt vorbei an der unbequemen Wahrheit, dass inmitten des Shutdown die digitalen Giganten Amerikas und Asiens einen Wachstumsschub sondergleichen verzeichnet haben, derweil unsere Volkswirtschaft an einem Vorhofflimmern leidet.

Bei Amazon und Alibaba waren keine Lieferketten unterbrochen. Bei Microsoft stand die Produktion nicht still. Netflix drehte hochtourig und darf sich nun als die wertvollste Medienfirma der Welt bezeichnen. Die sozialen Medien – Facebook, Snapchat und Co. – feierten an der Börse und im wahren Leben der Menschen ihr All-Time-High. Derweil das Nachrichtenmagazin *Der Spiegel*, jener publizistische Leuchtturm, dem kein Schiff mehr folgt, ein Zehn-Millionen-Sparprogramm annoncierte. Andere Verlage werden folgen. Der Lebenszyklus nicht nur der klassischen Printmedien ist in seiner Spätphase angekommen. Die Beteiligten atmen flach.

Das Virus hat nicht nur den Menschen befallen, sondern auch unsere altehrwürdige Industrie- und Mediengesellschaft, die ausweislich von Lebensalter und Vorerkrankungen die besten Zeiten hinter sich hat. Wir denken an die Gift spuckenden Schornsteine, an das Schneckentempo der Informationsübertragung durch in Zellstoff aufgelöste Bäume und die Inkontinenz unserer Mülldeponien. Die festen, weil eingerosteten Verhältnisse werden nun sichtbar und lösen sich unter Schmerzen auf.

Die Erdplatten bewegen sich, die alten Verstrebungen brechen, alles Ständische und Stehende verdampft. Auch wenn es bald einen Impfstoff gegen

Covid-19 geben dürfte, einen Impfstoff gegen den Wandel der Welt wird es niemals geben.

Die neue Wirklichkeit teilt sich nicht mehr zuerst in Ost und West, Stadt und Land, Diktatur oder Demokratie, Plan- oder Marktwirtschaft, sondern in digital und analog. Die neue globale Wirklichkeit ist nicht die, die man dir als Niedergangsepos zu verkaufen sucht. Sie beruht auf einer ökonomischen Kraft, die unsere Umwelt schont und nicht schändet. Sie kombiniert Selbstdisziplin mit Selbstentfaltung. Sie schafft ein Universum der Möglichkeiten, in dem nicht mehr nur mit Geld, sondern auch mit Daten bezahlt wird und in dem die politische Macht erstmals die Paläste der Elite verlässt.

Die technologische Revolution, die um den Erdball fegt, ist die erste wahrhaft kosmopolitische Revolution und eine sozialistische Erhebung ist sie auch. Denn sie enteignet die alten industriellen Eliten, schleift ihre Fürstentümer und hinterlässt ihre Gefolgsleute im Gulag des Gestrigen, wo sie eine Existenz jenseits des bisherigen Wohlstandes werden fristen müssen.

Zur Wahrheit gehört allerdings auch: Die Erben des Industrieproletariats, die den Aufstieg in Helmut Schmidts Facharbeiterrepublik geschafft und dort Jahrzehnte auf dem Hochplateau von Wohlstand und Mitbestimmung verbracht haben, werden diese Revolution nicht unbeschadet überstehen. Viele sinken wieder zurück in den Zustand des Prekären, dort, wo die Bezahlung schlecht, das Gewerkschaftsbüro geschlossen und die Aufstiegsperspektive trübe ist.

Die Umwälzung der Produktions- und Lebensverhältnisse wird – darin besteht die historische List der Pandemie – von diesem bis dahin unbekannten Virus beschleunigt und zugleich verdeckt. Die Inhaber der neuen Wundertechnik und der darauf basierenden Geschäftsmodelle erleben den Aufstieg zu den Sternen.

Die kleine Autofirma Tesla, die im Jahr so viele Autos verkauft wie der Volkswagen Konzern in vierzehn Tagen, ist an der Börse mehr wert als Mercedes, BMW, Volkswagen und Audi zusammen. Die deutsche Autoindustrie, aber auch die deutschen Banken und die hiesige Chemie- und Pharmaindustrie wissen kaum, wie ihnen geschieht. Von den Investoren der Börse, da, wo echte Menschen mit echtem Geld auf die Zukunft wetten, werden sie geschrumpft.

Corona war der Schwarze Schwan für große Teile der deutschen Volkswirtschaft, deren Manager ihn mit ihren nostalgischen Gesängen regelrecht angelockt haben. Heute kreist der Schwarze Schwan über dem Hochofen von ThyssenKrupp. Er überfliegt die Braunkohlereviere und die VW-Zentrale in Wolfsburg, um auf jenen Produktionsanlagen zu landen, in denen seit hundert Jahren der Verbrennungsmotor gefertigt wird. Das Wappentier des bevorstehenden Unglücks nistet auch auf den Zinnen alter Macht im Frankfurter Bankenviertel.

Das Kapital ist seit jeher unruhig und daher auf Wanderschaft. Erst interessierte es sich für Stahl und Kohle, bevor es zu Elektro- und Textilindustrie weiterzog. Nach einem kurzen Zwischenstopp bei den großen Auto- und Computerherstellern fühlt es sich nun zu den Unternehmen der Digitalwirtschaft hingezogen. Wer weiter mit seinen Produktionsanlagen die Umwelt vernebeln, verschandeln und vergiften will, ist dem Untergang geweiht. Nostalgie ist ein Gefühl, aber kein Geschäftsmodell. Die Geschichte des Kapitalismus erzählt seit jeher eine Geschichte vom Werden und Vergehen der Wirtschaftszweige und damit auch vom Aufstieg und Fall der Nationen.

Die alten Industrien Deutschlands waren für das Kapital der bevorzugte Partner des 20. Jahrhunderts. Steve Jobs, Mark Zuckerberg und Elon Musk hießen damals noch Werner von Siemens, Gottlieb Daimler, Friedrich Karl Henkel und Robert Bosch. Die Liebe des Kapitals zu unseren Auto- und Chemiefabriken, zu den Herstellern des Maschinen- und Anlagenbaus war schon vor Corona nicht mehr stürmisch, aber im Zuge der Pandemie kam es zur Erkaltung, die keine konjunkturelle, sondern eine strukturelle ist.

Alle sagen, das »bisher unbekannte Virus« sei schuld, aber in Wahrheit ist das Virus nur der Überbringer einer Botschaft, die von der Verwandlung der Welt erzählt.

Diese Verwandlung, und das ist die erste unbequeme Wahrheit für dich, mein Freund, betrifft unser Leben mehr als das Virus selbst, dem wir in den vergangenen Monaten all unsere Aufmerksamkeit geschenkt haben. Hätten wir nicht ein Fernstudium der Virologie betrieben, sondern mit derselben Energie uns für eine der Computersprachen interessiert oder Mandarin gelernt, wären wir für die Reise in die neue Welt deutlich besser vorbereitet.

So aber stehen wir beide spärlich bekleidet am Bahnsteig. Der Zeitgeist verwirbelt uns das Haar. Der Zug rollt lautlos heran.

Und wir wissen noch immer nicht, ob wir einsteigen sollen. Eine Sitzplatzreservierung jedenfalls besitzen wir nicht.

Die Neuallokation von Ressourcen ist kein Spiel bösartiger Spekulanten, sondern Teil der großen kapitalistischen Schöpfungsgeschichte, die vom Kommen und Vergehen der Wirtschaftszweige erzählt. Die Wanderung des Kapitals bezeichnet den Urprozess der kapitalistischen Erneuerung und damit einen Prozess der Zu- und Abwanderung, der immer auch eine Neuverteilung von Chancen bedeutet. Der Börsenkapitalist hält die Weltkarte in der Hand. Er interessiert sich für wenig mehr als für Profit in seiner kristallinen Form. Die Stollen der alten Industrien lässt er zurück wie das ausgebeutete Flussbett des Klondike River.

Die deutschen Traditionskonzerne werden derzeit ausgesiebt. Hier lagert aus Sicht der Investoren zwar noch immer Goldstaub, aber eben kein Goldnugget mehr. Deshalb fehlt den Unternehmen mittlerweile auch der finanzielle Treibstoff, um den Wiederaufstieg überhaupt noch schaffen zu können. Elon Musk darf mit reichlich Investorengeld seine Mission zum Mars vorantreiben, derweil die Deutsche Bank ihre Filialen schließen und ihr Kreditbuch verkürzen muss.

Ihre wichtigen Gewinntreiber sind die Kostensenkungsprogramme des Vorstandes. Die Bank managt den eigenen Abstieg, und es gilt schon als Sensationserfolg, wenn daraus kein Absturz wird, der in den Armen eines chinesischen oder amerikanischen Aufkäufers endet.

Wir als Nation steigen relativ zu den Aufsteigerstaaten ab. Doch der Aufschrei der gehobenen Stände unterbleibt. Auch deshalb, weil diesem Aufschrei eine Anstrengung folgen müsste. Die Verlage, geprägt von Verlierermedien, die seit Längerem schon an Auflage, Anzeigenvolumen und Vertrauen verlieren, sympathisieren mit einer politischen Elite, die in den für sie relevanten Kategorien – Wahlbeteiligung, Mitgliederzahl und gesellschaftliche Akzeptanz – ebenfalls an Schwindsucht leidet. Man camoufliert, finassiert und narkotisiert gemeinsam, bis die Immunabwehr des Publikums schwindet.

Wie in einem Stück aus dem Repertoire des Hamburger Ohnsorg-Theaters spielt man die alte Bundesrepublik nach. Jeden Abend dieselben Gäste, die alten Fragen, das bequeme Sofa mit den kleinen Karos. Giovanni di Lorenzo hat bereits freundlich grüßend Platz genommen. Im Hintergrund läuft ein Song von Reinhard Mey, den die Eingeweihten leise mitsummen. Im Einspielfilm lächelt die einstige Hausherrin Heidi Kabel, derweil in der Maske die aktuellen Stargäste Dieter Bohlen und Helene Fischer für den heutigen Auftritt präpariert werden. Beide sind mit Rücksicht auf die Kosten nach der letzten Sendung einfach sitzen geblieben. Helene Fischer gurgelt mit einem Ingwer-Bommerlunder-Shot. Bohlen lässt nachstraffen. Man will schließlich auch für das junge Publikum etwas zu bieten haben. Angeblich, so munkelt man, soll es nachher noch einen Livechat geben.

So döst und dämmert das Land vor sich hin. Die Zukunft hat man ausgesperrt. Es gibt in Deutschland keine geistige Gegenwehr, mein Freund, die über die Akklamation des »Neuen« im Rahmen einer Ministerrede oder den routiniert vorgetragenen Appell für eine moderne Start-up-Kultur hinausgeht. Man geht den einfachen, und das heißt, den denkfaulen Weg; man verschafft sich ein Narrativ, das die Implosion des Dax-Konzerns Wirecard, die Straßenkrawalle von Stuttgart, das Treiben des Metzgers Clemens Tönnies in Verbindung mit Pandemie und Klimaerwärmung zu einer deutschen Untergangssaga verdichtet, die als Netflix-Serie in der Reihe »Deutsche Düsternis« laufen könnte. Für Hoffnung und Zuversicht, für Anstrengung und Aufbruch ist in dieser Erzählung nur im Abspann Platz.

Auch die Medien setzen alles auf Schwarz. Sie paktieren mit den Umständen, deren integraler Bestandteil sie sind. Die Politik macht sich derweil das Geldsystem untertan, um mit künstlich geschaffenem Zentralbankgeld das Absterbende und Notleidende zu bewässern. Die Tatsache, dass Geschäftsmodelle, die keine sechs Wochen der Geschäftsschließung überleben, auch schon vorher kein Geschäft waren, darf nicht ausgesprochen werden. Die Rettungsschirme sind blickdicht gewebt.

Sie verstellen die Sicht auf jene realen Zersetzungsprozesse im Innersten unserer Volkswirtschaft, von denen hier die Rede sein soll.

Wir sind Zeitzeugen einer deutschen Wohlstandsillusion. Unter dem Beifall der Medien und nahezu unwidersprochen durch die parlamentarische Opposition werden Rettungspakete geschnürt, deren Geldscheine aus der Notenpresse stammen. Ihnen stehen keine Werte gegenüber. Sie sind keinem Sparvermögen entnommen. Für sie wurde niemand enteignet, und nichts anderes wurde für sie hergegeben. Kapitalbildung, so hat es uns Ludwig Erhard gelehrt, sei nichts anderes als aufgestauter Konsum. Von der Politik aber wird Kapitalbildung als Abteilung der Illusionskunst betrachtet.

Deutschland hat seine Vorbilder gewechselt, ohne dass die Tagesschau darüber berichtet hätte: Der geistige Vater dieser Politik heißt nicht mehr Ludwig Erhard, sondern David Copperfield.

Die moderne Form der Kapitalbildung ist eine Erfindung eines politischen Geistes, der sich zu der fixen Idee verstiegen hat, er könne einen Nachfrageausfall, den er durch die globale Schließung der

Volkswirtschaften selbst verursacht hat, durch einen noch größeren Angebotsschock wiedergutmachen.

Die Bürger dürfen kein Flugticket kaufen, also kauft der Staat ihnen die Lufthansa.

Die Einzelhändler dürfen nicht mehr handeln, also stellt der Staat ihnen einen Scheck aus.

In Italien werden noch weniger Steuern gezahlt als sonst, also kauft Europa mit erfundenem Geld echte Staatsanleihen, die auf dem internationalen Kapitalmarkt seit Längerem schon unverkäuflich sind.

Die Erfindung des Münz- und Papiergeldes und damit die allmähliche Ablösung der Tauschwirtschaft – Ochse gegen Land, Mehl gegen Zucker, Brot gegen Muskelkraft – war ein Geniestreich sondergleichen. Aber die Erfindung von erfundenem Geld, für das man Zucker oder Ochse bekommt, ohne je Land oder Mehl besessen zu haben, ist Alchemie. Wir erleben einen geldpolitischen Wahnsinn, der auch dann ein Wahnsinn bleibt, wenn Politiker und Notenbanker ihn dir und mir als die neue Normalität zu verkaufen suchen.

Mit Krediten, Geldgeschenken und Aktienaufkäufen schafft der Staat ein bedingungsloses Grundeinkommen für die Helden von gestern. Er zahlt an Staaten und Firmen Prämien für vergangene Erfolge. Und du, mein Freund, wirst, noch bevor die Schuldscheine an deine ungeborenen Enkelkinder weitergereicht werden, dafür haften.

Denn spätestens nach dieser Schuldenorgie ist dein Geld kein knappes Gut mehr, weshalb sein Besitz auch nicht mehr durch Zinsen belohnt wird. Weil der Realzins oft negativ ist und mittlerweile unterhalb der Inflationsrate liegt, kommt es auf unseren Sparbüchern zu einer Entwertung von Kaufkraft. Das Vertrauen in den Euro schwindet. Keiner kennt den Tag, an dem die internationalen Investoren aufwachen und sich Fragen stellen, auf die sie keine beruhigende Antwort mehr finden werden:

Worin genau liegt der Wert dieser Scheine?

Und warum sind es plötzlich so viele?

Die fatale Wirkung dieser Rettungspolitik in Permanenz – die von der Bankenrettung über die Griechenlandrettung zur Eurorettung und schließlich zur Rettung einer absichtsvoll zum Nullpunkt navigierten Volkswirtschaft übergeht – ist nicht allein eine finanzielle, sondern auch eine geistig-körperliche. Der Staat ist erschöpft, weil ständig abgelenkt. Seine Aufmerksamkeitsreserven schrumpfen.

Ihn befällt, kaum dass die Anspannung der akuten Krisenbekämpfung nachlässt, wieder das alte Zappelphilipp-Syndrom. Die Elite springt zwischen den Themen des Tages hin und her, betreibt Politik für die Schlagzeile des kommenden Morgens, die nächste Meinungsumfrage fest im Blick. Als Stratege gilt in Berlin schon, wer den nächsten Parteitag vorbereitet.

Dabei hatte niemand von der politischen Führung eine Revolution erwartet, nur den logisch nächsten Schritt. Denn Deutschland steht an der schicksalsschweren Schwelle von der Industrie- zur Digitalgesellschaft, von der fossilen zur kohlendioxidfreien Energieerzeugung, von der autoritären Führungsstruktur zur Mitarbeiterbeteiligung neuen Typs. Doch das Establishment wirkt nicht inspiriert und neugierig, sondern unschlüssig und erschöpft. Schon durch dieses Verharren auf der Schwelle räumt das Kernland des Industriezeitalters seine ökonomische Spitzenposition.

Deutschland hat Manager, die anderen besitzen Erfinder.

Hierzulande malt man Organigramme, woanders plant man die Mission zum Mars.

Deutschland hat sich selbst von »Pionier« auf »Follower« zurückgestuft – und die politischen Parteien kehren nach vermeintlich erfolgreicher Krisenbewältigung zu den alten Rangordnungskämpfen zurück. Die wichtigste politische Frage in Berlin lautet nicht: Wohin steuert Deutschland? Und was wird aus Europa?

Sie lautet: Was wird aus mir?

Ich wende mich bewusst an dich, mein Freund, meine Freundin, weil die Amtsträger des Landes nur schwerlich den Zustand überwinden können, den sie selbst herbeigeführt haben. Nur das gemeinsame Unwohlsein begründet die Chance, dass die millionenfache Aufstiegssehnsucht sich in Entschlossenheit verwandelt.

Gemeinsam gilt es, die anästhesierte öffentliche Debatte, deren ritualisierte Erregung auch nur eine

Form der Denkverweigerung darstellt, zu überwinden. Auf dass wir Teil jener Entfesselung werden, derer das Land so dringend bedarf. Die Angewohnheit, das Leben als Fortsetzungsroman zu betrachten und die Geschichte als großen Strom zu empfinden, bei dem es gilt mitzuschwimmen, um schließlich am Ufer der vorgefertigten Meinungen zu landen, sollten wir gemeinsam hinter uns lassen.

Es gibt nichts Sinnloseres unter der Sonne, als auf Erlösung zu hoffen.

Die Populisten können dich verführen, aber nicht retten.

Die Religion kann dich trösten, aber nicht ertüchtigen.

Auch die heutigen Medien in ihrer oft nur scheinbaren Vielfalt bringen dich nicht weiter. Sie funktionieren als apokalyptische Reiter, sie erregen dich, sie kuratieren deine Gefühle, sie beuten deinen Hoffnungsvorrat aus, bis nur noch Spurenelemente davon vorhanden sind.

Wer ihnen verfällt, endet als zynischer Zeitgenosse, geistig verarmt haust er in den Ruinen seiner eigenen Sehnsüchte. Den Populismus, den die Medien allenthalben beklagen, haben sie zuvor eigenhändig hervorgebracht. Was viele Medienmacher den politischen Populisten in Wahrheit verübeln, ist die Tatsache, dass sie mit ihnen in Konkurrenz getreten sind.

Es gehe den Medien, sagte der Philosoph Peter Sloterdijk bei der Entgegennahme des Ludwig-Börne-Preises, nicht primär darum zu informieren, sondern »zeichenbasierte Epidemien zu erzeugen«. Es gehe auf massenmedialer Ebene nicht um Argumente, sondern vielmehr »um die Einspritzung mentaler Infektionen«. Und weiter:

»Mir war klar geworden, auf der Themenbörse haben nur jene Verzerrungen einen Marktwert, die dem Verzerrer Gewinn eintragen – bitte achten Sie darauf, dass Verzerrer ein technischer Ausdruck ist wie Schalldämpfer oder Lautstärkeregler. Er bezeichnet einen Investor in Erregungen, die als öffentliche Themen zirkulieren. Dass Verzerrer als ihren Beruf in der Regel ›Journalist‹ angeben, davon soll man sich nicht beirren lassen.«

Dabei war das, was Peter Sloterdijk, Peter Handke und andere als mediale Treibjagd erlebten, nur die Ouvertüre einer neuen Zeit. Bisher haben sich Zeitungen zur Hälfte mit Reklame finanziert. Seit dieses Geschäft unter die Räder geraten ist, kam es zur Enthemmung. Jetzt schossen die Medienmacher wie die Türsteher der Reeperbahn auf ihre Kundschaft los, um sie ins Separee einer medialen Klickshow zu zerren.

Die Menschen auf der Bühne heißen nicht Natalie und Chantal, sondern Christian Wulff, Karl-Theodor zu Guttenberg, Franziska Giffey oder Annette Schavan. Alle müssen sich frei machen bis auf die letzte Fußnote ihrer Doktorarbeit und werden bis zum knallroten Bobbycar des Präsidentenkindes ausgeleuchtet. Ihrer bürgerlichen Ehre schließlich entkleidet, dürfen sie in der Kulisse entschwinden.

Ihre Reputation wurde gegen Reichweite getauscht, Empörung als verkaufsfördernde Maßnahme eingesetzt, die in ihrer Permanenz und Penetranz beim Publikum – und da beißt sich die Dialektik in den Schwanz – schließlich zum Kaufkater führt.

Wer es spüren will, der spürt es: Man wird nicht aufgeklärt, sondern aufgewühlt.

Man fühlt sich anschließend nur selten klug, meistens leer.

Die geistigen Energiedepots haben sich entladen. Die Tatsache, dass Schlagzeilen und Wirklichkeit seit jeher in einem Spannungsverhältnis zueinander gestanden haben, relativiert das Unwohlsein, aber hebt es nicht auf.

Die für dein künftiges Leben relevanten Parameter, mein Freund, werden im öffentlichen Diskurs hingegen kaum berührt. Es ist leichter, den Metzger Tönnies ans Kreuz zu schlagen, als unser Bildungssystem neu zu denken. Komplexität hat sich für den medialen Verdauungsvorgang als nicht förderlich erwiesen, weshalb die Botenstoffe der Nachdenklichkeit im Vorweg ausgeschieden werden.

Die dramatischen Vorgänge in der Erdatmosphäre und im Inneren unserer Volkswirtschaft bedingen einander. Überdimensionierung und Beschleunigung der industriellen Zivilisation werden dein Leben und das der Nation nachhaltiger verändern als das Coronavirus und die Frage, wer künftig die CDU führen darf. Doch genau diese Rückkoppelungen zwischen den Kippelementen von Natur und Mensch, zwischen dem produktiven Kern unserer Volkswirtschaft und den anthropogenen Treibhausgasen in der Erdatmosphäre haben wenig Chance in eines der TV-Studios vorzudringen. Man wirft den Jahrhundertfragen ihre Komplexität und damit ihre mangelnde Komprimierfähigkeit vor – und man kann sie nicht personalisieren. Der Tönnies dagegen baumelt so schön.

So kommt es, dass sich ökologisch, technologisch und gesellschaftlich in Deutschland ein Umbruch ohne Bruch vollzieht, der für Millionen Menschen zwar wirksam, aber nicht wahrnehmbar ist. Es wirkt eine Macht, die sich nicht als solche zu erkennen gibt.

Der Philosoph Byung-Chul Han, der an der Berliner Universität der Künste lehrt, hat in seinem Essay »Psychopolitik« die Erscheinungsformen diskreter Macht, die eben nicht notwendig die Form von erkennbarem Zwang annehmen müssen, so beschrieben:

»Die Macht, die auf die Gewalt angewiesen ist, stellt nicht die höchste Macht dar. Gerade da, wo die Macht nicht eigens thematisiert wird, ist sie fraglos da. Je größer die Macht ist, desto *stiller* wirkt sie. Sie *geschieht*, ohne dass sie laut auf sich selbst hinweisen muss.«

Die bisherige Geschichte der Bundesrepublik war auch deshalb eine Fortschrittsgeschichte, weil sie ein Aufstiegsversprechen für alle enthielt. Du und ich, wir waren die Fixsterne des politischen Universums. Doch von Aufstieg hat schon lange niemand mehr gesprochen. Die Erwärmung des Klimas und die Gefahren der Pandemie werden missbraucht, um dich auf eine »Wende zum Weniger« (Bernd Ulrich) vorzubereiten. Man will dich vom Opfer der Produktionsverhältnisse, wie Karl Marx den kleinen Mann beschrieb, zum Pauschaltäter der Gegenwart erklären. Du fährst, fliegst, isst, konsumierst und atmest zu viel. Es kommt zur versuchten Neuprägung deiner Gefühle.

Eine technologiefeindliche Bewegung der politischen Puritaner, die dir vorwirft, du hättest die Schicksalsgemeinschaft von Mensch und Natur aufgekündigt, will dich nicht mehr emanzipieren, sondern limitieren. Social Distancing wird zum politischen Konzept, weil die Worte »Wohlstand« und »Bürger« nicht mehr zusammen gedacht werden sollen.

Wachstum? Risiko? Fortschritt? Wie kannst du es wagen!

Du, mein Freund, und darin liegt der Clou dieser Erzählung, sollst die kommenden Wohlstands- und Teilhabeverluste nicht als himmelschreiende Ungerechtigkeit empfinden, sondern als gerechte Strafe für deinen falschen Lebenswandel. Das Evangelium der Puritaner besteht aus den Worten »Askese«, »Verzicht«, »Vermeidung« und »Selbstbegrenzung«. Aus dem »höher, schneller, weiter« der Ludwig-Erhard-Jahre wird nun ein »tiefer, weniger, langsamer«. Die Dynamik der Marktwirtschaft mit dem ewigen Kreislauf von Kommen und Vergehen will man am liebsten durch ein statisches Gleichgewicht ersetzen. Dem System soll das Schwankende und dir dein Vorwärtsdrang ausgetrieben werden.

Dein Rückschritt sei der neue Fortschritt.

Im Unterschied zu allen bisherigen Untertanen sollst du der erste freiwillige Untertan der Weltgeschichte werden. Im Regiebuch der nahenden Apokalypse steht:

Deine Unterwerfung bringt die Weltenrettung.

Limitiere dich selbst.

*

Lieber Freund und liebe Freundin, ich spreche von Gleich zu Gleich zu euch, als Bürger unter Bürgern, wissend, dass wir für diese Bürgerlichkeit zuweilen einen hohen Preis bezahlen. Wir werden für unser Leben als gutmütige Familienmenschen, brave Staatsbürger und fleißige Steuerzahler von vielen belächelt. Unter Vorspiegelung immer neuer Katastrophen winkt man uns ans Kassenhäuschen des Staates, wo man lüstern nach unseren Einkommen und Ersparnissen greift. Das Virus liefert bald schon neue Argumente für einen staatlich geplanten Raubüberfall. Die Billionengeschenke müssen schließlich finanziert werden. Die Regierung denkt: am besten von uns.

Als Gegenleistung wird man uns die grauen Gesellen der Bürokratie auf den Hals schicken, die uns dann disziplinieren, normieren und schikanieren. Man behandelt uns auch im öffentlichen Diskurs wie Puck, die lästige Stubenfliege, nur weil wir mehr Fragen als Antworten haben: Fragen an die Autoindustrie und die Klimaaktivisten, Fragen an die Bauern und die Tierschützer, Fragen an die Seenotretter und die übers Mittelmeer Zugereisten, Fragen aber auch an jene Spezies Mensch, die sich »Volksvertreter« nennt, um, kaum im Amt, mit dem Limousinenservice des

Deutschen Bundestags, 24 Stunden am Tag, sieben Tage die Woche, dir zu entwischen. Irgendwo tagt immer der Beirat einer bonusbasierten Unternehmung. Gleich fährt Philipp Amthor vor.

Wir fürchten uns nicht mehr, auch nicht vor dem Selbstzweifel.

Wir sind stark, weil wir wissen, dass die Geschichte der Menschheit bei aller Verwirrung, die sie auch hervorgebracht hat, am Ende doch wieder dem Fortschritt dient. Zumindest solange das Bürgertum »Zukunft« nicht mit »Zumutung« übersetzt und sich der Herrschaft des Rechts anvertraut und nicht der Verführung durch die Verführer erliegt.

Die Kraft, unbequeme Wahrheiten auszuhalten und in fruchtbares Neuland zu verwandeln, wohnt in uns. Albert Camus hat diese magische Energie einst so beschrieben:

»Mitten im tiefsten Winter wurde mir bewusst, dass in mir ein unbesiegbarer Sommer wohnt.«

Dieser Sommer der Unbesiegbarkeit bewohnt auch unser Gemüt. Das erkennt man schon daran, dass wir uns einer Welt der Gläubigen, in der viele meiner Journalistenkollegen Neugier durch Haltung ersetzt haben, höflich verweigern. Vom Taufbecken der ewigen Wahrheiten halten wir uns fern, zu viele unserer Freunde sind da schon hineingeplumpst. Initiativen wie »Covering Climate Now« betrachten wir mit Misstrauen, weil sich hier 350 Medien zusammengeschlossen haben, die nicht sachliche Information betreiben wollen, sondern politisches Agenda Setting. Es gehe ihnen darum, das haben die Redaktionen von *taz*, *Stern* und *Al Jazeera* feierlich mitunterzeichnet, »die Berichterstattung über die Folgen der Klimakrise zu maximieren«. Es gehe darum, »die weltweiten Medien rund um dieses eine Thema zu organisieren«.

Wir dagegen üben uns lieber im »Denken ohne Geländer«, so wie Hannah Arendt es uns beigebracht hat. Unser Kopf sei ein Haus der offenen Tür – weder Hochbunker noch Kanzel der Verkündung. Wir brauchen die Wahrheit des anderen, schon um unsere eigene zu finden. Martin Walser hat den Mechanismus des demokratischen Diskurses in einem Satz zusammengefasst:

»Nichts ist ohne sein Gegenteil wahr.«

Wir sind nicht »links« und nicht »rechts«, sondern vernünftig. Das erkennt man schon daran, dass wir wissen: Unsere Erkenntnisse können in einer sich verändernden Welt immer nur provisorisch sein.

Wir lassen uns das Staunen nicht verbieten.

Das Fremde, das nie Gesehene, nie Gefühlte und nie Gedachte, ängstigt uns nicht, sondern bereichert uns.

Und selbst wenn der andere uns mit seiner Andersartigkeit gelegentlich erschreckt: Wir brüllen nicht, wir argumentieren. Wir bekämpfen ihn nicht, wir hören ihm zu.

Wir sind tolerant, aber nicht naiv.

Wir spielen das Denken nicht gegen das Fühlen aus.

Wir sind Teil einer weltweiten Suchbewegung, und wer an dieser Suchbewegung teilnimmt, sei umarmt als Schwester und Bruder im Geiste.

Überall dort allerdings, wo uns die Ausschließlichkeit begegnet, wo uns das harte Gesicht der alternativlosen Wahrheitsverkünder anschaut, das glühende Augenpaar derer, die das Feuerwasser der Religion getrunken haben, werden wir eindeutig.

Wir glauben an die heilende Wirkung des Gesprächs, an den demokratischen Dialog unter gleichberechtigten Bürgern und Bürgerinnen, an den Ausgleich von Interessen in einem demokratischen Prozess. Aber wer diesen Dialog mit den Kriechgasen von Religion und Ressentiment zu zerstören versucht, kann unser Freund nicht sein.

Die Anwendung von Intoleranz im Namen der Toleranz darf ein Gemeinwesen nur bei Strafe des Untergangs zulassen. Diese für viele bereits unbequem gewordene Wahrheit hat uns der Philosoph Sir Karl Raimund Popper hinterlassen. Der Erfinder des Kritischen Rationalismus rät zu großer Klarheit:

»Im Namen der Toleranz sollten wir uns das Recht vorbehalten, die Intoleranz nicht zu tolerieren. Wir sollten geltend machen, dass sich jede Bewegung, die Intoleranz predigt, außerhalb des Gesetzes stellt, und wir sollten eine Aufforderung zur Intoleranz als ebenso verbrecherisch behandeln wie eine Aufforderung zum Mord, zum Raub oder zur Wiedereinführung des Sklavenhandels.«

Der Mann, der mit seinem Text über »Die offene Gesellschaft und ihre Feinde« zum Hausphilosophen der frühen bundesdeutschen Jahre aufstieg, entwickelte vor dem Hintergrund der gescheiterten Weimarer Republik und aus Sorge um den Bestand der noch wackeligen Nachkriegsordnung das »Paradoxon der Toleranz«. Er kannte nicht die Parallelgesellschaften der modernen europäischen Städte, aber er kannte die Grenzen der Toleranz:

»Uneingeschränkte Toleranz führt mit Notwendigkeit zum Verschwinden der Toleranz. Denn wenn wir die uneingeschränkte Toleranz sogar auf die Intoleranten ausdehnen, wenn wir nicht bereit sind, eine tolerante Gesellschaftsordnung gegen die Angriffe der Intoleranz zu verteidigen, dann werden die Toleranten vernichtet werden und die Toleranz mit ihnen.«

*

Liebe Freundin, lieber Freund, ich spüre eine Verbundenheit, die sich schon daraus ergibt, wie wir gemeinsam aus großer Sorge und in tiefer Einsamkeit aufbrechen. Die Mehrheitskultur in diesem Land hat wieder von der Schönheit der Erkenntnis auf den Lärm der Zerstreuung umgeschaltet. In der politischen Arena erkennen wir neben den Funktionsträgern, die sich in der Coronakrise ihrer Ämter würdig erwiesen haben, überall auch die Clowns und Akrobaten des Augenblicks, die als fahrendes Volk die Talkshows bereisen.

Ihr größter Betrug ist der Selbstbetrug.

Unverkennbar hat das Zeitalter der Überforderung begonnen, weshalb wir dicht beieinanderbleiben sollten. Albert Camus hatte eine Idee, wie auch das funktionieren könnte:

»Gehe nicht hinter mir, vielleicht führe ich nicht. Gehe nicht vor mir, vielleicht folge ich nicht. Gehe einfach neben mir und sei mein Freund.«

Wir blicken gemeinsam auf eine Wirklichkeit, die begonnen hat, unwirklich zu werden. Wir erleben das, was der Historiker Christian Meier das »Verschwinden der Gegenwart« nennt. Eine Welt, die wir gestern noch als die unsrige bezeichnet haben, löst sich wie eine vor langer Zeit geklebte Tapete von der Wand. Dahinter sehen wir nur mehr nackte, graue Wände, unterbrochen allein von den kolorierten Fetzen unserer Vergangenheit.

Wir erleben die erste Krise der Bundesrepublik, die nicht in erster Linie eine medizinische, auch nicht eine außenpolitische oder ökonomische ist, sondern eine intellektuelle. Denn ausgerechnet auf dem Hochplateau seines Wohlstands weiß das Land nicht, was es will. Der Bauch ist geweitet, doch der Kopf wirkt wie entleert.

Deutschland hat keine Idee davon, in welcher Zukunft es leben möchte.

Orientierungslos treibt Europas größte Volkswirtschaft auf dem Weltmeer wie ein Schiff, dessen Anker sich im Sturm losgerissen hat.

Ist Amerika noch Freund und Partner oder schon Feind? Sind wir Teil des Westens oder Mittler zwischen den Welten? Fühlen wir noch deutsch, oder denken wir schon europäisch? Werden wir nur vom Klima erhitzt oder auch von politischen Aktivisten abgekocht?

Wollen wir weiter eine Hochleistungsgesellschaft der Hungrigen sein, oder sehnen wir uns vor allem nach einem bedingungslosen Grundeinkommen und dem nächsten Brückentag?

Sind wir als bürgerliche Demokraten noch stolz und wehrhaft, und falls die Antwort »ja« lautet, bleibt die Zusatzfrage: Ab wann eigentlich?

In den Monaten der Pandemie hatte die Demokratie einen Aussetzer. Es war, als habe jemand die Pausentaste gedrückt. Das Problematisieren und das Zweifeln unterblieben. Das Demonstrieren war ohnehin verboten. Es gab scheinbar nur noch ein Land, ein Volk und eine Führung, wobei zunächst unklar war, ob diese Führung im Gesundheitsministerium, im Kanzleramt, in der Charité, an der Spitze des Robert Koch-Instituts oder in Bayern saß. Nur mit leichtem Grummeln wurde die Tatsache begleitet, dass die Kanzlerin eine Debatte über die Schrittfolge der Öffnung als »Orgie« bezeichnet hatte.

Oppositionsparteien gab es nur noch dem Namen nach. Dabei war es nicht so, dass man sich bei FDP, Linkspartei, Grünen und AfD auf die Lippen biss, man hatte schlicht keine andere Idee von der Zukunft. Wie im Brennglas konnte man die geistigen Ermüdungserscheinungen der bundesdeutschen Demokratie besichtigen, die durch identische Karrierewege und gleichgerichtete materielle Interessen der Abgeordneten sowie das Offenhalten von Koalitionsoptionen geprägt sind.

Die Koalitionsregierungen des vergangenen Jahrzehnts konnten unser Leiden an der Gegenwart nicht lindern. Sie verkörpern das Problem, das sie hätten lösen sollen. Erschöpft von immer neuen Rangordnungskämpfen, die nicht zu verwechseln sind mit der geistigen Auseinandersetzung um Alternativen, haben sie den Bezug zu ihren Aufgaben verloren. Die CDU veranstaltet ein mehrjähriges Selbstfindungsseminar auf der Suche nach der verlorenen Führung. Das SPD-Duo Saskia Esken und Norbert Walter-Borjans nutzt das Willy-Brandt-Haus nicht als Kommandozentrale der Arbeiterklasse, sondern als Bühne für eine feministisch angehauchte Neuinterpretation der Sesamstraße, in den Hauptrollen albern sie als Ernie und Berta über die Bühne.

Nicht wenige Politiker sind von sich selbst enttäuscht. Ihre Resignation tarnen sie durch die Routinen eines rasenden Stillstandes. Durch die dichte Abfolge von Nachtsitzungen, Limousinenvorfahrten und eilig eingeräumten Pressekonferenzen, ab und zu unterbrochen durch einen ungehörigen Zwischenruf im Parlament oder das Einsetzen eines Untersuchungsausschusses, bleibt dem Publikum verborgen, dass die Substanz dieses Treibens ein flüchtiges Gemisch ist, bestehend aus Parfüm und Restalkohol.

Wer auch immer nach dieser Substanz zu haschen versucht, hält das farblose Nichts in der Hand. Sobald die Scheinwerfer der Medien die Persönlichkeiten intensiver ausleuchten, wie bei Martin Schulz und Annegret Kramp-Karrenbauer geschehen, kommt es zur großen Verpuffung.

»Flyover States« nennen die Amerikaner jene Staaten des mittleren Westens, die von den Eliten nicht betreten und nicht verstanden werden, weil sich diese Führungspersonen hektisch zwischen Ost-

und Westküste hin- und herbewegen: einmal New York/Los Angeles – und zurück.

Man hat das Gefühl, dass auch die deutsche Elite, die sich zwischen Brüssel, Berlin und Paris in permanenten Gabelflügen befindet, das eigene Land mittlerweile als Flyover State betrachtet. Man weiß um den Niedergang der alten industriellen Herrlichkeit, aber man hört, spürt und fühlt sie nicht. Man spricht vom kommenden Unheil durch Klimaveränderung, von Versteppung und Versalzung, von Extremwetter und Bodenerosion, aber die notwendigen Schlussfolgerungen aus diesen Prognosen werden nicht mit der gleichen Verve gezogen. Die Radikalität des Klimawandels ist der Radikalität der Klimapolitik immer zwei Schritte voraus.

So hat denn das neue Jahrzehnt schon vor Pandemie und Rettungspolitik ohne eine politische Prioritätensetzung begonnen, die diesen Namen verdient. Das deutsche Geschäftsmodell, basierend auf Ingenieursleistung und Erfindungsreichtum – vom Automobil über Stahl und Chemie bis zum Maschinenbau –, ist am Ende seines Zyklus angelangt. Eine neue deutsche »Sprunginnovation«, mit der sich Staat machen ließe, ist nicht in Sicht.

Doch die Kabinette in Berlin und Brüssel haben keine Zeit für Nachdenklichkeit. Sie springen von einem ungelösten Problem zum nächsten: Eurorettung und Pandemiebekämpfung, Migration und Klimaerwärmung. Trump und Nato, Bildungsmisere und schließlich jene Komplexitätsfalle, in die unser Staat vor vielen Jahren schon getappt ist.

Alles wird besprochen, nichts gelöst.

Für alles hat man einen Pressetext, für nichts eine Idee.

Es beschleicht einen das Gefühl, als habe sich in der Politik die Augenblicksgier gegen die strategische Geduld durchgesetzt, die Taktik gegen die Planung und damit letztlich das Placebo gegen eine wirkungsvolle Therapie.

Die permanente Krisenabwehr liefert die perfekte Erzählung, warum für das Zukünftige weder Geld noch Aufmerksamkeit zur Verfügung stehen. Man versucht, dich, mein Freund, mit den Aufwühlungen des Tages zu unterhalten, zu zerstreuen und in Wahrheit zu narkotisieren.

Du sollst dich aufregen, aber nicht nachdenken.

Du darfst dich empören, aber zum Kern vom Kern der Probleme sollst du besser nicht vordringen.

*

Geheimnisvolle Dinge ereignen sich, die von der Ökonomie in alle anderen Lebensbereiche ausstrahlen. Vor unseren Augen wird gerade das Betriebssystem der Weltwirtschaft ausgewechselt. Auf den Kommandohöhen der Globalwirtschaft nehmen neue Generäle Platz, ausgestattet mit der Zugangsberechtigung für unser künftiges Leben. Diese neuen Generäle tragen Baseballkappe, T-Shirt und sind zunehmend weiblich. Aber das Äußere sollte uns nicht über die Unbedingtheit und Strenge dieses Machtwechsels hinwegtäuschen.

Die deutsche Regierung schaut in die Wolken, derweil auf dem Boden der Tatsachen die Platten in Schwingung geraten sind. In der Konkurrenz der Risiken hat sich die politische Klasse darauf verständigt, den epidemiologischen Risiken den Vorzug vor den ökologischen, ökonomischen und gesellschaftlichen zu geben. Dabei müssen Erderwärmung, Globalisierung und Digitalisierung zusammen gedacht werden. Nur wer die Vernetzung der Problemlagen durchschaut und als Grundlage seiner Arbeit akzeptiert, kann in der Welt von morgen Fortschritt organisieren.

Wer sich vorsätzlich dieser Mustererkennung verweigert, wird immer nur von der einen Scheinlösung zur nächsten Niederlage taumeln. Zukunft findet dann auf dem Wahlplakat statt, nicht aber in deiner noch zu schreibenden Biografie, mein Freund.

Das Ende des Industriezeitalters, wie wir es kennen, ist schon aus ökologischen Gründen geboten. Die Industriekapitäne brauchen auf die Verbote der Politik, die sie schon vorsorglich beklagen, nicht länger zu warten. Ihre Produktionsweise, die Ressourcen frisst, Landschaft verbraucht und die Atmosphäre aufheizt, verbietet sich von selbst. Der Gesetzgeber ist nur noch der Notar der Wirklichkeit. Die ökologische Revolution rettet das künftige Leben, indem sie das Absterben der Welt von heute beschleunigt.

Die Kinder der Industriemanager haben das verstanden, ihre Väter oft nicht. Wir sind teilnehmende Beobachter eines großen Maskenballs: Die Profis für Zukunft sehen zuweilen aus wie Kinder, während die Profis der Gegenwart sich ziemlich kindisch benehmen.

Nur wer die Vielzahl moderner Energiequellen nutzt, darunter auch jene, die sich wie Sonne, Wind und

Erdwärme von selbst erneuern, kann in der Welt von morgen bestehen. Nur die weitgehend entstofflichte Datenökonomie, die durch Beobachtung und Steuerung von Mensch und Material die Ressourcen der Erde schont, gehorcht dem ökologischen Imperativ. Konkret: Erst das voll elektrisierte, autonom fahrende und mit anderen Nutzern geteilte Fahrzeug bedeutet eine Effizienzrevolution des Transports, die kein Motorenbauer für sich allein wird bewerkstelligen können. Die Versuche der Autoindustrie, den Verbrennungsmotor weiter zu optimieren, gleichen dem Versuch, durch das Anspannen von mehr Pferden und das Auswechseln der erschöpften gegen frische Tiere der Postkutsche ein längeres Leben zu verschaffen. Das hat schon damals nicht funktioniert.

Nicht nur die Pferde, das Konzept der Postkutsche selbst hatte sich erschöpft. Das zu seiner Zeit modernste Mittel der Mobilität rollte trotz aller Optimierungsversuche schließlich in das Verkehrsmuseum, wo es heute verstaubt. Für den Verbrennungsmotor sollten wir den Platz daneben freiräumen. Keine Sorge: Gottlieb Daimler und Bertha Benz bekommen ihre Bronzebüste. Sie bleiben Pioniere, aber eben Pioniere ihrer, nicht unserer Zeit.

In der Landwirtschaft beobachten wir das gleiche Phänomen: Nur der von intelligenten Satelliten gesteuerte Einsatz von Saatgut, Bewässerungs- und Nährstofftechnik sowie Erntemaschine bietet die Chance, die kommende Hungersnot doch noch zu verhindern. Der Ochse des Bauern wurde erst durch den Traktor und wird nun durch Computerexperten und Genforscher ersetzt. Treiber dieser Technologisierung sind nicht die Digitalunternehmen, sondern die Hungrigen dieser Welt, die mit den Methoden der heutigen Landwirtschaft niemals zu sättigen sind.

Wenn unsere Rettungspolitiker mit vielen Milliarden versuchen, das Ende des Industriezeitalters gegen den Aufmarsch intelligenter Roboter und das Entstehen einer entstofflichten Datenökonomie zu verteidigen , so übersehen sie, dass sie damit auch dem Modell der Sozialen Marktwirtschaft die Grundlage entziehen. Deutschland in seiner jetzigen Verfasstheit ist Technologieführer – oder gar nicht. Ohne nennenswerte Gegenwehr gibt das Land seine ökonomische Spitzenposition preis und riskiert damit seine soziale Stabilität. Das Versprechen »Wohlstand für alle« wird lautlos kassiert, weil das Land als Technologie-Follower diesen Wohlfahrtsstaat nicht wird finanzieren können.

Diese neue Wirklichkeit, die sich erst schemenhaft zeigt, hat Folgen für dich, mein Freund. Du musst dein Leben ändern. Und wir als Gesellschaft unseres auch.

Was passiert, wenn nichts passiert, hat der Schriftsteller Ilija Trojanow in einer Dystopie skizziert. Er prophezeit, dass es dann künftig nur noch zwei Typen von Menschen geben wird: die Unentbehrlichen und die Überflüssigen. Das Verrückte, mein Freund: Keiner von uns beiden kann wirklich vorhersagen, zu welcher Kategorie er bald schon gehören wird.

Sind wir dann Herr oder Knecht?

Wirst du in der Gesellschaft von morgen noch wertgeschätzt, oder wird man dich mit sanfter Stimme aussteuern?

Bist du dann der ewige Zuhörer oder noch der in Applaus gebadete Keynote-Speaker?

Begegnen wir uns beim Galadinner oder womöglich bei der Tafel?

Wenn du jetzt schluckst, mein Freund, dann schlucken wir gemeinsam. Der Grund dafür ist keine von mir erfundene Provokation, sondern es ist die reale Möglichkeit, dass die nahe Zukunft sich anfühlen könnte wie eine Achterbahnfahrt, von der wir nur hoffen, dass die Gleise nicht im Offenen enden.

*

Es gibt, ich habe die Verantwortlichen davon sprechen hören, einen unheimlich anmutenden Plan, der im Kern darin besteht, möglichst viele von uns verschwinden zu lassen. Mit Rücksicht auf unser Gefühlsleben spricht man nicht vom »Verschwinden«, sondern von »digitaler Disruption«. Aber das meint im Grunde dasselbe: Man will nicht mehr auf uns angewiesen sein. Man möchte unsere menschlichen Launen, unsere Fehleranfälligkeit, unsere finanzielle und soziale Anspruchshaltung aus dem Prozess der Ökonomie weitestgehend eliminieren, was angesichts der neuen Möglichkeiten nicht böse gemeint, sondern logisch ist.

Auf den »Terror der Ökonomie«, so beschrieb Viviane Forrester 1997 den Industriekapitalismus, folgt die große Stille. Der Choral von Dampfhammer, Düsentriebwerk und Turbinenrad wird durch den akustischen Minimalismus der Serverfarm abgelöst.

Wir lernen: Schlimmer als unsere Ausbeutung durch den Kapitalisten ist womöglich das Desinteresse der Kapitalisten an unserer Ausbeutung.

In dem geheimnisvollen Plan geht es darum, das auf seine Fortpflanzung wartende alte Kapital mit den jungen Technologien so zu paaren, dass eine neue Intelligenz entsteht, die man »die künstliche« nennt, abgekürzt KI oder auf Englisch AI, artificial intelligence. Wir sprechen hier über nichts Geringeres als die »Beseelung von Nicht-Beseeltem«, wie Julian Nida-Rümelin und Nathalie Weidenfeld es nennen, und davon ausgelöst dem Verschwinden der bisherigen Arbeitsgesellschaft. Der britische Soziologe Richard Sennett prophezeit: Das »Gespenst der Nutzlosigkeit« werde durch die westlichen Städte spuken, wenn humanoide Roboter künftig auch die geistige Arbeit der Menschen verrichten.

»Die wichtigste ökonomische Frage des 21. Jahrhunderts dürfte sein, was wir mit all den überflüssigen Menschen anfangen«, schreibt Yuval Noah Harari in seinem Bestseller *Homo Deus*. Erschrockene Erstleser des Buches wie Barack Obama und Emmanuel Macron baten den Historiker der Hebräischen Universität Jerusalem unverzüglich zum persönlichen Gespräch.

Mein Freund, ich ahne schon, was du jetzt denkst: Warum erschreckt der Mann mich so?

Ich bin doch keiner von den Überflüssigen, und außerdem fürchte ich mich nicht vor Gespenstern. Ich bin kein Akkordarbeiter, ich bin stolzer Angestellter, ich bin keine Näherin, sondern Handwerksmeisterin. Ich schufte nicht mehr in der Fabrik, sondern sitze im klimatisierten Büro oder lässig im wiedereröffneten Gestühl der Lufthansa-Lounge. Ich bin nicht Schweißer, Fließbandarbeiterin oder Bergmann, sondern Bankkauffrau, IT-Experte, Marketingleiterin, Unternehmensberater, Chefin der Schadensabteilung, Verlagsmanager bei Bertelsmann und Controllerin bei Siemens.

Und außerdem bin ich froh, Corona überlebt zu haben. Ich muss jetzt schnell weiterziehen, Terminal 1, Flugsteig A 49.

Träum weiter, mein Freund! Berausche dich an deiner zurückgewonnenen Geschäftigkeit.

Sammle nur wieder fleißig deine Bonusmeilen. Fühle dich wichtig, solange du noch ein »Frequent Traveller« bist.

Erst jenseits des täglichen Gesauses und Gebrauses beginnt die Nachdenklichkeit. Und die Wahrheit ist die: Du und ich, mein Freund, wir sind ökonomisch betrachtet kleine Männer im weißen Hemd; »Plebejer mit Diplom«, hat der kolumbianische Denker Nicolás Gómez Dávila uns liebevoll despektierlich genannt.

Die Bauern übrigens, die einst 80 Prozent der europäischen Erwerbsbevölkerung stellten, wissen besser als wir, wovon hier die Rede ist. Ihr damaliger Irrtum ist dein heutiger. Sie, die sich stolz »der Nährstand« nannten, dachten, sie seien für jede Gesellschaft unverzichtbar mit ihrer Erfahrung, ihrem Fleiß und ihrem Zugang zur Herstellung von Lebensmitteln. Und dann? Wurde zunächst ihr wichtigster Mitarbeiter, das Pferd, durch Zugmaschinen und schließlich Mähdrescher ersetzt. Sie aber dachten: Mir kann keiner!

Gut so, dass das Pferd endlich weg ist, es war ohnehin zu hungrig, zu langsam und wurde immer wieder krank. Jetzt bin ich viel produktiver als vorher. So freuten sich die Bauern.

Zügig wurde der Stall zur Garage für den neuen Maschinenpark umgebaut. Ein Heer von Vertretern rückte an. Der Bauer nannte sich »Landwirt«, und als Erstes lernte er das Wort »Leasing« zu buchstabieren.

Doch die Tatsache, dass das Verschwinden des Pferdes der Vorbote seines eigenen Schicksals war, erkannte der Bauer nicht. Es folgten der Einzug neuer Anbau- und Düngemethoden, die industrielle Viehhaltung und eine enorme Vergrößerung von Weide- und Anbauflächen. Heute sind nicht mal mehr zwei Prozent der deutschen Erwerbsbevölkerung in der Landwirtschaft beschäftigt.

Der Bauer folgte dem Pferd auf seinem weiten Weg vom produktiven Kern der Volkswirtschaft in Richtung der erkaltenden Krustenregion, wo nicht alle, aber viele als Subventionsempfänger ihr Dasein fristen. Der größte Teil des regulären EU-Haushalts – 58 von 169 Milliarden in 2020, das bedeutet 34 Prozent – ist heute für Agrarhilfen reserviert.

Der wichtigste Mitarbeiter des Landwirtes ist mittlerweile nicht mehr der Melker oder der Spargelstecher, sondern der Lobbyist in Brüssel. Er muss die Ernte einfahren, die der Hof nicht mehr abwirft.

Deutlich besser ergeht es seit jeher denen, die auf den Goldminen des Kapitals sitzen, die andere für sich arbeiten lassen und an der Börse investiert haben. Sie wohnen im glühend roten Kern der Volkswirtschaft, da, wo ihr Kapital und unsere Arbeitskraft so heftig miteinander reagieren, dass am Ende für uns ein mehr oder weniger ordentlicher Lohn und für sie eine schöne Rendite abgespalten werden kann. In dieser Zone intensiver Wertschöpfung entsteht Wohlstand in seiner reinsten Form.

Hier wohnt der wirklich »große Mann«, der – wir denken an Liz Mohn, Friede Springer, Maria-Elisabeth Schaeffler, Simone Bagel-Trah oder Susanne Klatten – auch eine große Frau sein kann.

Natürlich bist du, mein Freund, meine Freundin, als bedeutende Angestellte, als geschickter Handwerker oder kreative Freelancerin im Innersten unseres Wirtschaftssystems noch immer ein gern gesehener Gast, das schon. Aber eben nur, solange deine Leidenschaft und dein Fachwissen stark genug sind, das Feuer zu entfachen. Das Verwalten der Glut reicht hier nicht aus. Denn im »Weltinnenraum des Kapitals«, um nochmals mit Peter Sloterdijk zu sprechen, haben Geist und Geld, Ideen und Kapital,

Mensch und Maschine derart heftig miteinander zu reagieren, bis schließlich eine ökonomische Energie entsteht, die das ganze Land zu wärmen vermag.

Der Aufstieg der Nationen wird mit dieser Antriebskraft befeuert, und von Zeit zu Zeit erleben wir jene magischen Momente, in denen Staaten wie Kometen durch das Universum schießen. Später im Geschichtsbuch wird man vom »Wirtschaftswunder« sprechen.

Und immer wird in diesem glühend roten Kern das produziert, was William Thompson »surplus value« und Karl Marx später »Mehrwert« genannt haben. Wir großen kleinen Leute sind froh, wenn wir aus diesem Kern vom Kern der Volkswirtschaft unseren eigenen kleinen Batzen als Lohn nach Hause schleppen dürfen, womöglich noch veredelt mit einer schönen Weihnachtsgratifikation. Die wahrhaft großen Männer und Frauen aber mehren ihr Kapital. Sie kassieren nicht, sie akkumulieren.

Dieses Kapital, und das erhebt den Kapitalisten über uns Normalsterbliche, wächst und gedeiht, auch wenn der Kapitalist selbst schon in die Familiengruft gesprungen ist. Allein die sechs Erben von Sam

Walton, dem Gründer von Walmart, verfügen heute über ein höheres Vermögen als die unteren 40 Prozent der amerikanischen Einkommensbezieher. Die Familien Quandt und Klatten, denen 47 Prozent von BMW gehören, besitzen etwa 34 Milliarden Euro und damit mehr als alle Lehrer und Erzieher in Europa zusammen.

Von Generation zu Generation schwillt das Vermögen der Vielvermögenden an. Geld ist für diejenigen, die am Kapitalmarkt angeschlossen sind, im Grunde ein nachwachsender Rohstoff, so wie Sonne, Gras und Kuhdung. Immer fällt noch was auf den Haufen.

Die Energiequelle des kleinen Mannes aber, auch wenn er sich als großer kleiner Mann fühlt und man ihn in schmeichlerischer Absicht als »Humankapital« bezeichnet, ist von überschaubarer Größe und begrenzter Wirkung.

Wir beide, mein Freund, sind eine echte Limited Edition.

Denn die Energie liegt ausschließlich in uns selbst und versiegt schneller, als uns recht sein kann. Der

Muskel lahmt, die Hüfte schmerzt, der Geist wird müde, die Ideenblitze liefern nur noch Kriechstrom, und auch meine Schreibfeder wird irgendwann stumpf werden.

In der Sekunde aber, in der unsere Kraft und unser Ideenvorrat erschöpft sind, erleben wir die Vertreibung aus dem Paradies der Volkswirtschaft, das freilich erst im Rückblick als Paradies erscheint. Die Erinnerung malt mit goldenem Pinsel.

Die unbequeme Wahrheit ist die: Das »Humankapital«, und das genau begründet jene Ur-Ungleichheit, die wir ausnahmsweise nicht den Mächtigen der Wall Street, sondern unserem Schöpfer anlasten müssen, befindet sich in einem unaufhaltsamen Verschleißprozess, derweil das kapitalistische Kapital, vom biologischen Zyklus entkoppelt, ein Leben in Expansion verbringt. Es ist gewissermaßen verwüstungsfest.

Der Kapitalist sieht in seiner sozial verträglichen Volksausgabe aus wie ein deutscher Familienunternehmer und in seiner bösartigen Mutation wie ein amerikanischer Räuberbaron.

Wir Humankapitalisten aber vagabundieren ruhelos durch das Erwerbsleben. Spätestens im Alter, wenn du und ich, mein Freund, vom roten Kern der Volkswirtschaft auf die bläulich schimmernde Kruste weitergewandert sind, dahin, wo die Kinder, die Rentner und die anderen Ausgesteuerten leben, benötigen wir den Staat und seine sozialen Sicherungssysteme. Nun erkennen wir uns in unserem ursprünglichen Format. All die wohlklingenden Titel fallen von uns ab, sobald wir jene Einrichtung verlassen, die wir irrtümlich »unsere Firma« nannten.

Du bist nun nicht mehr Facility Manager, Filialleiterin, Editor-at-Large, nicht mehr Sales Director, Chief Creative Officer oder Chefcontrollerin, sondern Head of Nothing, also kurz gesagt: Du bist wieder der, der du immer warst, angereichert mit Bildung, veredelt durch Erfahrung. Deshalb hat dich die Statistik in ihrer Herzlosigkeit auch über deine gesamte Erwerbsbiografie hinweg als »abhängig Beschäftigten« geführt.

Die Rentenversicherung mit ihrer mechanischen Art der Nächstenliebe wird dich nun umarmen. Der Lohn für deine »Lebensleistung«, wovon Politiker gern sprechen, schnurrt jetzt auf Beträge zusammen, die man als »überschaubar« bezeichnen darf. Und auch das nur, wenn du früh schon Abteilungsleiter, Chefärztin oder Geschäftsführer geworden und dann auch geblieben bist.

Das Auf und Ab deines Lebens, die Kinder, die Scheidung, der Berufswechsel, die Auszeit, gelten vor den Ausgabeschaltern des Sozialstaats als »Brüche in der Erwerbsbiografie«.

Der Sozialstaat mag keine Schwankungen. Er besitzt für alles seine Tabellen. Mitleid besitzt er nicht.

*

Das Kapital aber bleibt, solange es kein nichtsnutziger Erbe im Casino verspielt, für immer lebendig. Das eben ist der Unterschied: Du bekommst ein Stück vom Kuchen, aber ihnen gehört die Bäckerei. Die großen Vermögen der Familien Rockefeller, Carnegie, Siemens, Henkel, Albrecht und Gates besitzen eine Art Ewigkeitsgarantie, wir nicht. Wie unter dem Dach eines überdimensionierten Gewächshauses wachsen ihre Vermögenswerte der Sonne entgegen, unabhängig, ob der diensthabende Gärtner von den Sozialdemokraten oder den Konservativen gestellt wird oder demnächst von den Grünen.

Selbst das Unwetter einer Weltfinanzkrise kann dem Klima im Weltinnenraum des Kapitals nichts Ernsthaftes anhaben. Dank moderner Finanzprodukte lassen sich Reichtum und Risiko mühelos entkoppeln.

Du aber, mein Freund, bist in deinem Körper gefangen. Der akkumuliert nicht, der leckt, lahmt und vergisst. Der Weltinnenraum des Sozialstaats ist ein zugiger Ort.

Versteh mich bitte nicht falsch, mein Freund. Ich habe eine ausgesprochen hohe Meinung von unseren Familienunternehmern. Und ich habe eine nicht minder hohe Achtung vor dir, nicht nur weil du fleißig und ehrgeizig bist und deine Kinder und Enkel liebst, sondern auch deshalb, weil wir beide Zeitgenossen und Leidensbrüder sind.

Wenn ich dennoch Angst vor uns beiden habe, dann deshalb, weil ich weiß, was es bedeutet, wenn die Mitte der Gesellschaft zu grummeln beginnt.

Wir Bürgerkinder lieben unsere Familien, aber wir hassen die Unsicherheit.

*

Als die Kapitalisten Mitte des 19. Jahrhunderts anfingen, Fabriken zu errichten und unterirdische Stollen in Richtung der saftigsten Kohleflöze zu treiben, waren es unsere Vorfahren, die mit wehenden Fahnen auf die Barrikaden kletterten. Sie waren richtig sauer. Sie gründeten nachts am Küchentisch illegal Gewerkschaften und fanden sich vor nunmehr rund 150 Jahren zum ersten Treffen eines Arbeitervereins zusammen, aus dem bald schon die Sozialdemokratische Partei Deutschlands hervorging. Reichskanzler Bismarck konnte sie später zwar verbieten, aber zertreten konnte er sie nicht.

Unser direkter Vorfahre, der kleine Mann, erwachte. Ihm war großes Unheil widerfahren. Rund um die Erzminen und Kohlegruben hatten die Fabrikbesitzer eine neue Sklavenhaltergesellschaft errichtet.

Der Bauernstand wurde dezimiert, die jungen Männer der umliegenden Höfe schickte man in die Zechen, wo sie dem Kohlebaron die Kohlen und sich eine Staublunge holten. Man stellte sie an den Hochofen, wo ihre Augen erblindeten und der heiße Stahl ihnen übers Bein lief.

Und man schickte sie als Kanonenfutter in die großen Kriege. Jeder Hofhund genoss mehr Rechte als der Fabrikarbeiter der frühen Stunde, wogegen sich die Proletarier aller Länder erfolgreich zusammenschlossen. Das *Kommunistische Manifest* war das Bekennerschreiben einer neuen Zeit:

»Die moderne Industrie hat die kleine Werkstube des patriarchalischen Meisters in die große Fabrik des industriellen Kapitalisten verwandelt. Arbeitermassen, in der Fabrik zusammengedrängt, werden soldatisch organisiert. Sie werden als gemeine Industriesoldaten unter die Aufsicht einer vollständigen Hierarchie von Unteroffizieren und Offizieren gestellt. Ist die Ausbeutung des Arbeiters durch den Fabrikanten so weit beendigt, dass er seinen Arbeitslohn bar ausgezahlt erhält, so fallen die anderen Teile der Bourgeoisie über ihn her, der Hausbesitzer, der Krämer und der Pfandleiher.«

Gegen diese Verschwörung der Wirklichkeit setzten sich unsere Vorfahren zur Wehr. Der kleine Mann hatte nun seinen großen Auftritt. Er betrat die Weltbühne mit einer solch grimmigen Entschlossenheit, dass die Mächtigen zusammenzuckten und schließlich begannen, den wölfischen Kapitalismus zu zähmen.

Neben den Fabriken schossen bald schon die Einrichtungen des Sozialstaats empor, und die Partei der kleinen Leute stellte Kanzler und Minister, die nun darüber wachten, dass deren Würde nicht erneut unter die Räder kam. Der kleine Mann war, das darf man ohne Übertreibung so sagen, der Held einer neuen Zeit. Er hatte seine ökonomische Ohnmacht in politische Macht verwandelt, die dann beruhigend auf die wirtschaftlichen Verhältnisse zurückwirkte. Der kapitalistische Wolf war domestiziert. Im Stammbuch der Arten finden wir ihn seither unter seinem neuen Namen: »Soziale Marktwirtschaft«.

Doch auch die neue Ordnung neigte zur Unordnung, wie sich bald schon herausstellte. Als der nunmehr demokratisch organisierte Industriekapitalismus anfing, übellaunig und herrisch zu werden, als im Gefolge des Oktobergewitters an der New Yorker Börse im Jahr 1929 der Aktienmarkt bebte und die

Industrieproduktion wie ein Soufflé zusammensackte, wurde der kleine Mann erst böse – und dann bösartig.

Die Massenarbeitslosigkeit, die Rückkehr des Hungers und die Fantasielosigkeit der demokratischen Parteien hatten ihn rasend gemacht. Aus Opfern wurden Täter.

In seiner verzweifelten Bösartigkeit legte sich der kleine Mann jener Zeit auf die Lauer und fing an, auf Sündenböcke zu schießen. Die Nationalsozialisten aber feierte er. Jenem operettenhaften Taugenichts, der sich selbst »der Führer« nannte, rollte er den roten Teppich aus. Für das, was dann mit den europäischen Juden und anderen Minderheiten geschah, trägt der kleine Mann der damaligen Zeit nicht die alleinige Schuld, aber einen Großteil der Verantwortung.

Es war Generalfeldmarschall Hindenburg, der Hitler zum Reichskanzler ernannte, aber es waren Millionen von kleinen Leuten, die ihn wählten, bejubelten und schließlich als lebendes Kanonenfutter für ihn in den Krieg zogen. Sie dienten ihm als

Erschießungskommando, als Wachmannschaft und Mörder in den Konzentrationslagern, als »willige Vollstrecker«, wie der Historiker Daniel Goldhagen schrieb, um in den Kellern der Gestapo, in den Gettos von Warschau und Theresienstadt und schließlich auch in den Vernichtungslagern von Majdanek, Treblinka und Auschwitz sein teuflisches Handwerk zu ihrem zu machen.

In schlaflosen Nächten dringen das Stöhnen und Schreien der geschundenen Kreatur durch die Jahrzehnte hindurch an unser Ohr. Ich wünschte, es ließe sich Vorteilhafteres über unsere Vorfahren sagen: Aber es war unser naher Verwandter, der seine Freunde tötete und seine Feinde bewunderte.

Am Ende der Raserei standen 110 Millionen Menschen aller Herren Länder unter Waffen. Rund 60 Millionen von ihnen – darunter allein 27 Millionen Russen – verreckten auf den Schlachtfeldern, in den Kratern der bombardierten Häuser oder den Gaskammern. Was als Grummeln in der deutschen Gesellschaft begonnen hatte, setzte sich in Polarisierung und Radikalisierung fort und endete mit einem Zivilisationsbruch ohne Beispiel.

Der kleine Mann zeigte sein dämonisches Gesicht.

Vergleichen heißt nicht gleichsetzen. Aber – und deshalb erinnere ich überhaupt daran – der Gedanke, dass sich die deutsche Industriegesellschaft in friedlichem Wohlgefallen von selbst auflöst, zeugt von großer Naivität. Kraftvoll hat der kleine Mann die Weltbühne einst betreten.

Wenn einer wie er geht, dann geht er nicht leise.

Wer sich inmitten des Gegenwartslärms ein feines Gehör bewahrt hat, der hört das Grollen der groß gewordenen kleinen Leute wie ein heraufziehendes Gewitter.

Wir sehen, wie etliche bereits auf der Lauer liegen, um die übers Mittelmeer angereisten Sündenböcke ins Visier zu nehmen.

Wir wissen, dass viele am Wahltag mit fahriger Hand ihr Kreuz machen. Die Rechte bestimmt in Ostdeutschland bereits den Ton. Das »Völkische« kehrt zurück.

Die SPD, einst die Partei der kleinen Leute, hat die kritische Masse, die sie als Regierungspartei braucht, vielerorts verloren. Die Gesellschaft heizt sich schneller auf als das Klima. Die neuen deutschen Dämonen sind schwieriger zu bekämpfen als jede Pandemie.

Unsere Zeitungen sprechen vom »Aufstieg der Populisten«, aber das ist oberflächlich gedacht. Der Populist lebt im gleichen Haus wie wir. Die Zukunftsverweigerung der etablierten Parteien hat eine Gewitterlage geschaffen, die auf Entladung drängt. Kaum ist der Ausnahmezustand, den das Virus ausgelöst hat, beendet, spielt die politische Klasse wieder die alten Spiele. Sie streitet nicht, sie schachert, am liebsten um Posten.

»Das Volk versteht das meiste falsch; aber es fühlt das meiste richtig«, hat Kurt Tucholsky einmal gesagt. Und so ist es bis heute. Die Arbeitswelt wird zum Exerzierplatz einer neuen Ökonomie, deren neuronale Netze bereits verlegt sind. Das zweite Maschinenzeitalter hat begonnen. Du kannst darin überleben, mein Freund, auch gut überleben, aber nicht, wenn du Augen und Ohren verschließt.

Wir müssen jetzt, wo der Sturm der Veränderung heftiger bläst, wachsam sein.

Ausgerechnet in dieser Lage versuchen die Sozialdemokraten und die Linken, dich zu betäuben. Du rufst »Zukunft«, und sie verstehen »Zuwendung«. Du verlangst nach Gespräch, und sie liefern wieder nur eine soziale Subvention, deren Finanzierung auf Kosten jener Kinder erfolgt, von denen es nur noch wenige gibt.

Nichts wird besser, aber du wirst süchtig.

Die linken Dealer sind unterwegs, um dir deine Angst wegzuspritzen. Dabei ist deine Angst jetzt das Wertvollste, was du besitzt.

Die SPD weiß nicht, was sie will. Und deshalb weiß ihr Wähler nicht, was er bekommt. Ihr Herz schlägt links, aber Herz und Kopf wohnen schon länger nicht mehr im selben Körper. Die Partei des kleinen Mannes leidet an Schizophrenie: Sie ist die Partei der edlen Grundsätze, und die Partei der Intrige ist sie auch.

Die Genossen sagen zwar immer, sie wollten in unserem Namen regieren und die Welt zu einem besseren Ort machen. Was man so sagt, wenn man verwirrt ist.

Als Zeichen ihrer verbliebenen Vitalität legen sie uns in regelmäßigen Abständen den Kopf des jeweils letzten Parteivorsitzenden vor die Haustür. Mit verdrehten Augen glotzen die Gemeuchelten uns an: Rudolf Scharping, Kurt Beck, Gerhard Schröder, Franz Müntefering, Marin Schulz, Sigmar Gabriel und zuletzt Andrea Nahles. Wir sind erschrocken über diese Kaltblütigkeit. Unser Mitleid allerdings können wir uns sparen, denn fast alle Opfer waren vorher selber Täter. Man kann sagen, die SPD ist eine Arbeiterpartei. Mit gleichem Recht kann man auch sagen: Die SPD ist eine Partei der Fallensteller.

CDU und CSU sind in kaum besserer Verfassung. Die Parteien der Sozialen Marktwirtschaft haben Ludwig Erhard beerdigt und fluten die Volkswirtschaft mit Geld, das sie nicht besitzen. Im Zuge der Coronakrise haben die Konservativen Maß und Mitte verloren. Sie lichteten alle Stabilitätsanker, den Maastricht-Vertrag und die Schuldenbremse, um dem Land eine Wohlstandsillusion zu kaufen.

Für deutlich mehr als eine Billion Euro, was dem Dreifachen eines jährlichen Bundeshaushaltes und Siebzigfachen des stärksten VW-Jahresgewinns aller Zeiten entspricht, haben sie dir den besten Aufschwung gekauft, den man für Geld kaufen kann – den Mercedes unter den Traumschlössern.

*

Das ist die Situation, mein Freund, aus der du aufbrichst, um dieses sagenumwobene »Neuland«, von dem die Kanzlerin verrätselt gesprochen hat, zu erreichen. Hinter dir die alte Bundesrepublik, vor dir die Nebelwand. Du kannst die eigene Hand kaum vor Augen sehen. Von irgendwoher treibt Orgelmusik heran, die nach Requiem klingt. Du drehst dich im Kreis. Du suchst nach Orientierung. Nicht wenige schreien in ihrer Ohnmacht ins Netz hinein, bis zumindest die eigene Echokammer zu vibrieren beginnt.

Wenn du ins befreundete Ausland schaust, dann siehst du, dass deine Enttäuschung die Enttäuschung unserer Zeit ist. In den Niederlanden stellten die Sozialdemokraten mit Wim Kok einst den bedeutendsten Ministerpräsidenten des Landes und konkurrieren heute mit der Tierschutzpartei um Aufmerksamkeit.

In Großbritannien beeindruckten die Sozialdemokraten unter Premierminister Tony Blair durch eine pragmatische Reformpolitik und rangieren heute deutlich hinter den Konservativen. Die verbliebenen Reste der Labour Party kämpfen nicht mehr um Wirkung, sondern um Wahrnehmung.

Die einst stolzen Sozialisten in Frankreich, die mit François Mitterrand eine Schlüsselfigur europäischer Nachkriegsgeschichte hervorbrachten, hat der Erdboden verschluckt. Das Letzte, was man von ihnen hörte, war das Knattern des Mopeds, mit dem François Hollande heimlich seine Freundin besuchte.

In Italien hat die Democrazia Cristiana das gleiche Schicksal ereilt. Die französischen Gaullisten retteten sich ins Fegefeuer der Nostalgie, wo sie seither auf Erlösung hoffen.

Auch die deutschen Sozialdemokraten haben sich auf den langen Marsch in Richtung Elefantenfriedhof begeben. Die Passatwinde der Moderne tragen zur Entkräftung bei. Der Bismarck'sche Todesfluch erfüllt sich womöglich doch noch, wobei die heutige SPD nicht durch die Hand eines autoritären Staates oder das Fallbeil der Großindustriellen fällt, sondern durch die Abwendung von Millionen kleiner und großer kleiner Leute.

Auch Gleichgültigkeit kann töten.

Dabei könnten wir eine Partei, die aus kleinen Leuten große Menschen macht, gerade jetzt gut gebrauchen.

*

Seinen ersten Wachstumsschub erlebte der Kapitalismus vor rund anderthalb Jahrhunderten, als es ihm gelang, körperliche Arbeit auf Maschinen zu übertragen. Was für eine Steigerung der Produktivität und damit der Profitrate! Den nächsten Schub bringt jetzt die Übertragung menschlicher Fähigkeiten auf die Maschine, die in einem ersten Schritt all jene überflüssig machen wird, die geistige Routinetätigkeiten ausüben.

Und danach sind wir an der Reihe, mein Freund. Du kannst dich schon von deinem Sitzplatz erheben. Der neue Liebling der Investoren ist die intelligente Maschine, denn sie ist niemals krank, nicht mal erschöpft, sie plagt sich nicht mit Rückenleiden oder Magenverstimmung, ist in Gedanken niemals mit familiären Sorgen befasst und muss weder mit Geld noch guten Worten motiviert werden – und sie reißt wie nebenbei unsere alten Vorstellungen von Zeitknappheit und Verschleiß aus den Angeln.

Sie kennt keinen Burn-out, und gegen Corona ist sie auch resistent. In ihren Adern fließt kein Blut. Hier tanzen die Algorithmen.

Der wichtigste Daseinszweck von künstlicher Intelligenz ist die Verzinsung der Verzinsung, also die Produktion von Profit in seiner kristallinen Form. Im Grunde geht damit der Urtraum aller Kapitalisten in Erfüllung, nämlich die Vermehrung von Kapital durch Kapital. Die lästige Lohnarbeit mit all ihren sozialen Scherereien entfällt oder wird auf ein Minimum reduziert, sodass eine Ära exorbitanter Gewinne, das Zeitalter des »Super Return«, endlich beginnen kann, wie in stiller Vorfreude jetzt schon eine internationale Messe der Finanzindustrie heißt.

Endlich passen der kapitalistische Urtrieb und die technologischen Möglichkeiten zusammen. Adam Smith hatte in seiner Theorie der ethischen Gefühle von 1759 das treibende Motiv des Investors in zeitloser Klarheit so formuliert: »Das Fassungsvermögen seines Magens steht in keinem Verhältnis zu der maßlosen Größe seiner Begierden.«

Ich höre dich einwenden, mein Freund, dass schon in den hinter uns liegenden Jahrzehnten der Mensch durch moderne Technik ersetzt worden ist, wo immer dies möglich war. Da hast du recht. Was wir morgen erleben, hat gestern begonnen.

Wehe dem Gebäudebewacher, der gegen die Videokamera konkurriert, die fünfhundert Nächte durcharbeiten kann, ohne dass ihre Augen ermüden. Nur ab und zu brennt ihr die Sicherung durch.

Gnade auch dem Spüler in der Großküche, der sich mit dem Spülautomaten anlegt, der in stiller Monotonie stundenlang vor sich hin wäscht, spült und trocknet. Nur dann und wann verkalkt die Leitung.

Requiem für die Textilarbeiterin, die von den großen Nähmaschinen ins Grab der verstorbenen Berufe geschubst wurde.

Ein *Ave Maria* dem Autobauer, an dessen Stelle jetzt der Schraub- und Schweißautomat am Fließband steht, der nicht 35 Stunden schuftet, sondern 70 Stunden. Und Mitglied in der IG Metall ist er auch nicht.

Viele kleine Männer und Frauen waren schlau genug, rechtzeitig auf die höheren Weiden zu flüchten. Weil dort das Gras saftiger wächst als in der Ebene. Sie schulten um auf Marketingfachfrau und Ernährungsberater, studierten mit stolzem Blick Medizin, Jura oder Betriebswirtschaftslehre, wurden Anwältin, IT-Experte und Unternehmensberater.

Jetzt werden sie erleben, wie die Maschine ihnen auf die höheren Weiden folgt. Sie hat dazugelernt und lernt täglich mehr. Sie hat sich von uns Menschen einiges abgeschaut. Sie befindet sich auf dem großen Sprung nach vorn. Sie besitzt jetzt nicht mehr nur die Fähigkeit, körperliche und einfache geistige Arbeit zu verrichten.

Man hat der Maschine beigebracht zu lernen, man ist dabei, ihr eine künstliche Intelligenz einzupflanzen, die darauf programmiert ist, die geistige Arbeit von dir und mir zu übernehmen und damit über dich und mich hinauszuwachsen. Entweder wirst du Gott gleich, ein »Homo Deus« – oder du wirst überflüssig.

Eine künstliche Intelligenz kann besser und schneller rechnen und kombinieren als die natürliche. Sie erkennt Gesichter besser als jeder Pförtner. Sie analysiert die Röntgenbilder von Lunge und Herz, von

Hüfte und Hirn so viel präziser als der erfahrenste Arzt, weil in ihr das Wissen von Millionen erfahrener Ärzte abrufbar ist.

Sie kann auch die Operation mit einer bisher nicht gekannten Genauigkeit durchführen, weil sie dank eingebauter Navigation das Messer ruhig führt, weil sie Gefäße und Nerven nicht nur erahnen und spüren, sondern zuverlässig orten kann. Und sie bündelt die Erfahrung von Tausenden Spitzenchirurgen, sodass ihr keine Komplikation fremd ist.

Sie wird – und darin liegt der eigentliche Clou – dein Herz reparieren, bevor es kaputtgeht, den Krebs besiegen, noch bevor die Zelle sich entschlossen hat zu entarten.

Die künstliche Intelligenz ist in vielfacher Hinsicht intelligenter als die natürliche, so wie die Dampfmaschine stärker war als eine Hundertschaft von Arbeitern.

Das ist erneut eine unbequeme Wahrheit, die wir beide annehmen sollten. Annehmen, nicht um zu trauern, sondern annehmen, um zu kämpfen. Und zu kämpfen nicht gegen die Maschine, was Kraftverschwendung und daher töricht wäre. Sondern kämpfen für eine Zukunft, die anders aussieht als der Zustand innerer Verwüstung, die der Sturm der Gegenwart in uns angerichtet hat.

Angst, Abwehr und Adaption, das war seit jeher der Dreiklang, mit dem der Mensch auf Veränderung reagierte. Vielleicht sollten wir diese Phasen diesmal schneller hinter uns bringen, um dann schnurgerade von der Adaption zur Innovation überzugehen. Warum nicht die Geschichte überlisten?

Wenn du jetzt glaubst, dich betrifft das alles nicht, dann muss ich dich enttäuschen. Der stärkste Glaube unserer Zeit ist der Irrglaube. Es gibt UN-Sicherheitszonen für bedrohte Völker, aber es gibt keine Sicherheitszonen für bedrohte Berufe und deren Inhaber.

Selbst die Rechtsgelehrten sind vor der lernenden Maschine nicht mehr sicher; sie wird künftig, wenn man sie erst mit Daten und Fakten gefüttert hat, selbstständig Anklageschriften verfassen, weil sie in der Lage ist, aus dem Universum des bereits Verfassten etwas Neues zu konfigurieren. Anwälte werden zu Gegenlesern ihrer früheren Arbeit.

Die intelligente Maschine wird Flugzeuge und Schiffe steuern und auf der Straße den Lkw. Roboter und kluge Maschinenhirne werden die Logistikketten ganzer Industrien aufspalten und neu verlegen. Nicht mal mehr den Job als U-Boot-Kommandant, Panzergrenadier oder einfaches Kanonenfutter werden sie dir überlassen, weil dein Tod in den kommenden Kriegen für zu viel Aufhebens sorgen würde.

Die Regierung schickt künftig lieber ein Drohnengeschwader los, weil es deutlich zuverlässiger tötet und im Fall seines Abschusses bei Lockheed Martin ohne viel Geschrei, aber dafür mit Rabatt nachbestellt werden kann. Der nächste große Krieg wird mit humanoiden Robotern, erstklassiger Navigationssoftware und mikroinvasiven Luftschlägen geführt. Die Leitzentrale befindet sich in der Cloud oder auf einem von Elon Musk betriebenen Satelliten, falls der nicht gerade zum Mars unterwegs ist.

Die Wirtschaftsführer haben sich eine Geheimsprache zugelegt, deren erstes Ziel es ist, dich zu täuschen. Sie sagen »Internet of Things« und meinen das Verschwinden deines bisherigen Arbeitsplatzes. Sie sagen »digital workplace« und meinen deine freischaffende Existenz mit ständiger Erreichbarkeit am Küchentisch, der wiederum nicht »Küchentisch«, sondern »home office« genannt wird. Sie sagen »Industrie 4.0« und meinen damit eine Industrie, in der Roboter mit Robotern und Maschinen mit Maschinen kommunizieren. Die Null hinter der Vier, das bist du, mein Freund.

Eine Dienstleistungsgesellschaft soll entstehen, deren unausgesprochenes Ziel das Verschwinden des arbeitenden Menschen ist. Selbst Computerprogramme werden dann von Computerprogrammen geschrieben. Und die Alten und Kranken will man durch Roboter pflegen lassen. Der tendenzielle Anstieg der Profitrate soll durch das tendenzielle Verschwinden der Lohnquote erreicht werden.

Das ist kühner als alles, was Karl Marx jemals zu Papier gebracht hat. Der große alte Mann des Kommunismus steht heute als Naivling vor uns. Er hat den Kapitalisten in seinem Einfallsreichtum unterschätzt und das Elend seiner Zeit fehlinterpretiert. Den Kapitalisten ging es nie primär um Ausbeutung, sondern um Kapitalverwertung. Die Ausbeutung war nicht der Zweck, sondern das Mittel zum Zweck. In der historischen Sekunde, in der sich Kapital mit Kapital paaren lässt, hat der Mensch als Zutat im Akkumulationsprozess seine Schuldigkeit getan.

Das Entwickeln dieser künstlichen Intelligenz kostet Billionen – und ist dennoch billiger als die Ausbildung von Menschen. Der Computer lernt dazu, vergisst nie, speichert und verknüpft. Der Mensch dagegen kommt als leere Speicherplatte zur Welt. Er kichert, schläft und hat Verdauungsprobleme. Jede neue Generation von Ärzten, Ingenieuren und Börsenprofis muss für viel Geld ausgebildet werden und eigene Erfahrungen sammeln, mit dem niederschmetternden Ergebnis: In der Sekunde ihres Ausscheidens aus dem Beruf beginnt der Kreislauf des Lernens und Sammelns für den Nachfolger erneut.

Der Mensch ist der limitierende Faktor, und nur mithilfe von Speichermedien – Buch, Festplatte, Cloud – gelingt es überhaupt, den Wissenstransfer von der einen zur nächsten Generation halbwegs effizient zu gestalten.

*

Wir leben in einem Land der zwei Wahrheiten. Die offizielle Wahrheit erzählt von einer florierenden Exportwirtschaft, die nur schicksalhaft pausiert, um nach der Pandemie wieder die Staatskasse mit Milliarden zu fluten.

Die Eliten loben einander für die überstandene Gefahr und weisen sich wechselseitig in die nächstgelegene »Hall of Fame« ein. Die Vorstandsgehälter rangieren auf »All Time High«. Für die Kapitäne der Dax-Konzerne ist der Mercedes-Werbespruch zur persönlichen Lebensmaxime geworden: Das Beste oder gar nichts. Sie warten ungeduldig auf das Eintreffen der ersten Flugtaxis.

Doch der kollektive Aufstieg einer ganzen Alterskohorte, wie ihn viele von uns im Nachkriegsdeutschland erleben durften, findet in einer Welt, in der wir uns mit Maschinen und Robotern messen, nicht mehr statt. Die Arbeitsgesellschaft spaltet sich. Den wenigen Beherrschern dieser technologischen Prozesse – wozu vor allem die Finanziers gehören – steht die Masse der nun Überflüssigen gegenüber, die den Weg in den produktiven Kern ihres Landes nicht mehr schaffen, auch nicht mehr schaffen können, oder, falls sie bisher dort gearbeitet haben, nun den beschleunigten Rückzug in die Krustenregion antreten.

Die unbequeme Wahrheit ist: Es geht diesmal nicht um Rationalisierung. Es geht um Verdampfung. Es geht um die möglichst rückstandsfreie Auflösung der gut bezahlten Arbeitsverhältnisse in der Mitte der Erwerbsgesellschaft, die heute die Stabilität der westlichen Staaten garantieren. Diese Mittelschicht einer jeden Belegschaft soll, weil sie den mit Abstand größten Kostenblock in der Firmenbilanz bildet, durch eine Exzellenztechnologie ersetzt werden.

»Outsourcing« war nur der Eröffnungsspielzug.

»Extinction«, die Auslöschung menschlicher Arbeit, ist das Ziel, das Hedgefonds und Start-up-Finanziers begeistert.

Deshalb wird jede neue Technologiefirma, die verspricht, das menschliche Gehirn ganz oder teilweise ersetzen zu können, mit obszönen Geldsummen und größtmöglicher Aufmerksamkeit ausgestattet. Künstliche Intelligenz ist die Dampfmaschine des 21. Jahrhunderts. Und wir, mein Freund, sind die neuen Weber.

Es hat keinen Sinn, diese Schattenseite der neuen Normalität zu leugnen, die auch dann eine Schattenseite bleibt, wenn sie durch die Vorteile aufgewogen wird. Christoph Keese hat in seinem Buch *Disrupt Yourself* dazu das Nötige gesagt: »Geleugnete Furcht verschwindet nicht, sondern sucht sich andere Wege.« Er unterscheidet zwischen Angststarre, die lähmt, und einer Furcht, die zur Überwindung von Hindernissen führt: »Furcht schützt vor unüberlegten Handlungen. Sie ist unverzichtbar. Wer sich wandeln möchte, erkennt Sorgen an.«

*

Merkwürdige Dinge ereignen sich im Irrgarten der Gleichzeitigkeit. Eine Welt der Paradoxien ist entstanden, die immer neue Fragen aufwirft, kaum dass eine Antwort gefunden ist. Warum war am Ende einer Dekade ökonomischer Prosperität bereits vor dem Lockdown ein Dienstleistungsproletariat herangereift, das nach Berechnungen der Bundesagentur für Arbeit fünf Millionen Menschen in Deutschland zählte?

Wer war vor der Pandemie der Treiber hinter der beschleunigten Auflösung der Normalarbeitsverhältnisse, und wie genau hängen Globalisierung, Digitalisierung und politische Polarisierung zusammen? Wie können wir die Selbstradikalisierung unseres Wirtschaftssystems überleben, ohne wirr und wahnsinnig zu werden, ohne uns vom Technikfreund, der wir immer waren, in den Maschinenstürmer zu verwandeln, der wir nicht werden wollen?

Die Antwort findet, wer furchtlos mit Jules Verne und seinem Professor Lidenbrock ins Erdinnere stapft. Wir lassen die tradierten Ebenen hinter uns, mein Freund, zwingen uns, steil bergab zu gehen, in die Tiefe zu schauen, immer in der Hoffnung, zur geheimnisvollen Quelle unseres Wohlstands vorzudringen, von der wir nur das eine wissen: Im Nebel des Gegenwärtigen und im Getöse der Jetztzeit wird sie niemals zu finden sein.

Der britische Naturschriftsteller Robert Macfarlane begleitet uns ein Stück des Weges. Er beschreibt den schmalen unterirdischen Pfad, der ins Erdinnere führt, mit folgenden Worten:

»Die Farben verdämmern ins Graue, Braune, Schwarze. Kalte Luft drängt vorbei. Der Gang fächert sich aus; ein Irrgarten. Seitengänge kriechen davon. Die Richtung ist schwer zu halten. Der Raum benimmt sich sonderbar – ebenso die Zeit. Im Unterland verhält sie sich anders. Verdickt sich, staut sich, fließt, rauscht, verlangsamt sich.«

So laufen wir denn vorbei an den Gräbern unserer ökonomischen Vergangenheit, in denen wir steinerne Faustkeile im Neandertal finden, das hölzerne Rad eines keltischen Wagens und den rostigen Pflug eines mittelalterlichen Bauern. Sie alle erzählen von der produktiven Energie versunkener Zeiten. Wir durchqueren den erst ausgelaugten und dann abgesoffenen Kohleschacht eines Reviers, in dem nun dicht gedrängt die bauchigen Dioxin-Fässer lagern, die nur darauf warten, ihre giftige Fracht ins Erdreich zu speien.

Auch das birgt das »Unterland«: ein präzises Register der in industrieller Frühzeit begangenen ökologischen Sünden. Hier unten gärt und giftet es. Und zuweilen platzt eine der toxischen Früchte. Die Stoffe der Vergangenheit kriechen dann an die Oberfläche unseres gegenwärtigen Lebens.

Doch wir wollen tiefer vordringen als die Stämme der Höhlenkundler und Archäologen, die – flankiert von Geologen und Toxikologen – bereits hier unten waren. Lass uns diese Expedition gemeinsam unternehmen, mein Freund. Lass uns wie Jules Vernes Professor, ausgestattet mit Chronometer, Nachtfernrohr und einer großen Strickleiter, ins Zentrum der Gegenwartsprobleme vordringen, das im glühend roten Kern unserer Volkswirtschaft zu Hause ist.

Am Kraterrand stehen sie alle, die Klasse der Interpretierer und Schwadronierer, aber bis ins Innerste ist bislang niemand vorgedrungen, weshalb die Expedition für Entdeckernaturen wie dich nicht ohne Reiz sein dürfte.

Es geht darum, den energetischen Kern unseres Gemeinwesens zu entdecken. Jedes Elektroauto benötigt Strom, jede Kuh braucht Gras, und die Solarfabrik ist auf Sonnenschein angewiesen. Ohne diese Antriebsenergien wäre die Kuh nicht lange Kuh, das Elektroauto ließe sich nur als überdachte Sitzgelegenheit benutzen, und die Aufbauten der Fotovoltaik müssten als Installation zur Biennale nach Venedig geschafft werden.

Worauf ich hinauswill: Auch Volkswirtschaften benötigen eine Antriebsenergie, die – vergleichbar mit Gras, Strom und Sonnenschein – die Schwungräder unseres Wohlstands in Gang setzen und in Gang halten. Genau diese Antriebsenergie suchen wir jetzt. Sie wird auf geheimnisvolle Weise im Inneren des Gemeinwesens erzeugt, da, wo sich der produktive Kern der Volkswirtschaft befindet. Die meisten Politiker sind hier unten nie gewesen.

Haben wir die äußerste schwarze Kruste des Kraters hinter uns gelassen, durchwandern wir auf unserem Weg ins Erdinnere jene bläulich schimmernden Zonen, die früher zur Wertschöpfung beigetragen haben und heute von Erkaltung betroffen sind. Sie sind noch nicht gänzlich erkaltet, aber sie sind dabei, es zu tun.

In diesen Außenbereichen des Kerns finden wir das Dienstleistungsproletariat, viele Freelancer und die Auslaufgeschäfte des 20. Jahrhunderts: Textilfabriken, Stahlwerke und Zeitungsdruckereien. Diese Altgeschäfte nahe der ökonomischen Todeszone haben gestern noch das Land mit ihrer Energie befeuert und erwirtschaften jetzt nur noch geringe Profitraten, wenn überhaupt. Ihr Lebenszyklus neigt sich dem Ende zu.

Zuletzt überlebten die Menschen, die wir hier bei der Arbeit antreffen, nur durch die Kombination von Subvention, Lohnverzicht und dem allmählichen Verfall der Gewinne. Unklar ist, ob hier überhaupt noch ein Mehrwert im Marx'schen Sinne erzielt wird. Hier glüht nichts mehr, es glimmt nur noch.

Die wichtigste Vokabel dieser ökonomischen Todeszone lautet nicht »Innovation«, sondern »Restrukturierung«, also Sparen, Streichen, Abstoßen.

Nachdem wir auch die Stollen des stationären Einzelhandels abgelaufen sind, dringen wir nun ins Innere vor, wo wir endlich auf den produktiven Kern stoßen, der wie ein glühend roter Feuerball vor uns leuchtet. Unwillkürlich hält man sich die Hand vor Augen. Es handelt sich um eine Zone höchster Energiekonzentration. Die Intensität der Rotfärbung und die schiere Größe dieses Kerns geben Auskunft über Ernsthaftigkeit und Ambition einer Volkswirtschaft. Hier und nur hier entsteht der Wohlstand einer Nation.

Im Innersten des produktiven Kerns reagieren das Kapital und echte Menschen miteinander. Und je heftiger sie es tun, um so vielversprechender ist das Ergebnis, das wir gemeinhin Bruttoinlandsprodukt, kurz BIP, nennen. Schon die schiere Existenz eines produktiven Kerns unterscheidet die entwickelten Gemeinwesen von den Staaten mit Subsistenzwirtschaft, wo die Menschen nach entbehrungsreichem Tagewerk – erschöpft vom Jagen und Fischen – am nächsten Morgen doch wieder vor dem ökonomischen Nichts stehen.

In diesen Gesellschaften findet keine Kapitalbildung statt, weshalb der Wohlstand hier nicht heimisch werden kann.

Die Größe des produktiven Kerns, sein Wachsen oder Schrumpfen geben uns Auskunft darüber, ob ein Staat absteigt oder seinen Aufstieg zu den Weltmächten noch vor sich hat. Die politische und militärische Weltmachtposition der USA beispielsweise ist eine abgeleitete Größe ihres produktiven Kerns, der vor allem, aber nicht nur, im Silicon Valley, in Hollywood, in Detroit und an der Wall Street enorme Energievolumina erzeugt, die dann im Weißen Haus und im Pentagon zu politischer und militärischer Energie umgewandelt werden.

Erst dieser – entgegen vielen anderslautenden Prognosen – sich ständig ausweitende produktive Kern der USA erzeugt jene Energien, die Amerika Amerika sein lassen. Auch mit mittlerweile über 40 Millionen Arbeitslosen ist dieser Kern vom Kern intakt. Seine Expansion wird durch das Virus bisher nicht berührt.

Die ökonomische Großartigkeit der USA ist also keinesfalls nur eine Behauptung. Ihr leuchtend roter, produktiver Kern begründet ihren Weltmachtstatus. Freiheitliche Werte und eine liberal geprägte Kultur sind die glänzende Verpackung, der »Überbau«, von dem die Optimisten behaupten, er sei konstitutiv für die Wohlstandserzeugung.

China kommt auch ohne diese Verpackung aus, weshalb wir dem Land den Status einer Weltmacht nicht absprechen sollten. Der Aufstieg Chinas, den das Virus verlangsamen, aber nicht unterbrechen kann, wird durch eine Expansion des produktiven Kerns vorangetrieben, wie sie in dieser Geschwindigkeit nicht alle Tage zu beobachten ist.

Die Weltmachtambition der Kommunistischen Partei wäre auf ewig Ambition geblieben, würden sich nicht im Innersten Chinas diese hochenergetischen Kettenreaktionen abspielen, die zur beschleunigten Kapitalbildung und damit zu einem immensen Wachstum des produktiven Kerns führen. Das Machtzentrum liegt nur scheinbar im Politbüro der Kommunistischen Partei, in Wahrheit sind es die Vorgänge im produktiven Kern des Landes, wo zunächst ausländisches Kapital und die Arbeit von Hunderten von Millionen arbeitswilliger Chinesen auf so spektakuläre Weise miteinander reagiert haben, dass die heutige politische und militärische Machtposition erreicht werden konnte.

Die chinesische KP, das unterscheidet die Kommunisten in Peking von denen in Kuba, Venezuela und Nordkorea, weiß um diese Zusammenhänge und tut alles, die Energie im Kern weiter anzureichern. Mit politischer Unterstützung wird laufend Kapital, mittlerweile auch aus den Sparvermögen des Inlands, dem produktiven Kern zugeführt, sodass dieser sich weiter ausbreiten kann.

Erst die Politik der Öffnung, die keine gesellschaftliche Öffnung und erst recht keine Verwestlichung bedeutet, sondern allein eine Öffnung des produktiven Kerns für ausländische Substanzzufuhr, hat das chinesische Wirtschaftswunder ermöglicht. Gemeinwesen, die zu diesem Kapitalimport nicht in der Lage sind, zerfallen – wie die frühere DDR – oder unterliegen der permanenten Erosion – wie Griechenland und Venezuela. Oder aber sie werden leichte Beute für andere Nationen, wie Nordkorea, das vor allem von chinesischer Energiezufuhr am Leben gehalten wird.

Größe und Leuchtkraft des produktiven Kerns hingen bisher von der richtigen Mischung aus Arbeit und Kapital ab, wir sprachen darüber. Ein Land mit vielen Arbeitskräften, aber ohne ausreichend Kapital ist bettelarm, so wie die Staaten entlang der afrikanischen Sahelzone. Ein Land mit viel Kapital, aber ohne gut ausgebildete Arbeitskräfte, wie einige der Ölförderstaaten, wird ebenfalls nicht zu einer internationalen Spitzenposition aufsteigen können.

Ein eigenständiger produktiver Kern kann hier nicht entstehen. Der produktive Kern eines Landes brauchte also, um in hoher Intensität feuerrot glühen zu können, bisher in sehr spezifischer Kombination immer beides: Arbeit und Kapital. Dabei fällt die Reaktion von Arbeit mit Kapital dann am heftigsten aus, wenn gut ausgebildete, hoch motivierte Arbeitskräfte auf risikofreudige und ideenreiche Kapitalbesitzer treffen.

*

Schauen wir auf unser Land, mein Freund: Die Mittelklassegesellschaften, in denen sich qualifizierte Arbeiter und Angestellte sowie kapitalstarke inhabergeführte Unternehmen auf Augenhöhe begegneten, waren die erfolgreichste Gesellschaftsformation der Nachkriegszeit. Der Ort ihrer Begegnung bildete den produktiven Kern unseres Landes. Das war nicht nur in der alten Bundesrepublik so, sondern auch in Österreich, der Schweiz und anderen Regionen des westlichen Europas.

Hier reagierten die gesellschaftliche Mittelschicht und der unternehmerische Mittelstand miteinander. Und je heftiger sie das taten, umso größer und leuchtender strahlte der produktive Kern.

Der ökonomische Aufstieg der Bundesrepublik aus den Ruinen zweier Weltkriege wurde von Helmut Schmidt zu Recht als »Modell Deutschland« bezeichnet, weil hier eine planmäßig betriebene Expansion des produktiven Kerns stattfand, wie sie die Welt bis dahin nicht erlebt hatte. Deine Eltern und Großeltern waren die Helden dieser Zeit, und Helmut Schmidt, der sich als »leitender Angestellter seines Landes« bezeichnete, verstand sich als ihr väterlicher Freund.

Er war der »große kleine Mann« seiner Zeit.

Im glühend roten Inneren des Kerns, wo der Kapitalismus ganz bei sich ist, werden die zweistelligen Renditen erwirtschaftet. Hier entstehen immer wieder neu die Antriebs- und Lebensenergien für ein System, das nach Expansion strebt.

Es expandiert geografisch – in alle Himmelsrichtungen.

Es expandiert kulturell – in alle Lebenswelten.

Es expandiert auch bis hinein in die natürliche Umwelt, sodass der kürzlich verstorbene Elmar Altvater zu Recht feststellte:

»Ganze Berge sind abgetragen, ganze Meere leergefischt, Arten ausgerottet, Urwälder abgeholzt, riesige Areale in Müllhalden und Giftseen verwandelt worden. Alles im Dienste der Inwertsetzung und des Wachstums.«

Früh schon mussten wir zur Kenntnis nehmen: Der produktive Kern eines Landes, der den Wohlstand hervorbringt, kann diesen im Zuge seiner Kernexpansion auch wieder zerstören. Diese Energie ist, das beschreibt ihren autoaggressiven Charakter, zugleich Wohlstand fördernd und Umwelt zerstörend, ihre physikalische Formel trägt beide Wirkweisen in sich. Es kommt zu dem, was Hans Jonas »die Überanstrengung endlicher Naturvorräte« nennt.

Damit Wohlstandserzeugung und Umweltzerstörung sich nicht in ihrer Wirkung aufheben, muss der produktive Kern klug bewirtschaftet werden. Er kann die Bedingungen, die er für seine dauerhafte Entfaltung und Erneuerung benötigt, nicht selbst hervorbringen. Dafür braucht er die Politik, die ihn stimuliert und ihm zugleich Grenzen setzt, die ihn zu weiterem Wachstum anregt und in der gleichen Sekunde darauf achtet, dass dieser Kern nicht destruktiv in die gesellschaftlichen und ökologischen Systeme vordringt, auf deren Funktionstüchtigkeit er angewiesen ist.

»Die Schicksalsgemeinschaft von Mensch und Natur«, von der Hans Jonas sprach, lebt von Verträgen, die der Politiker zu schließen und anschließend zu überwachen hat. Die vom Menschen verursachte Erwärmung des Klimas oder die Verschmutzung des Wassers beweisen auf eindringliche Art den Handlungsbedarf. Die mit fossilen Brennstoffen befeuerte Industrialisierung des 19. und 20. Jahrhunderts ruft im 21. Jahrhundert Schäden hervor, die den Wohlstand der frühen Jahre wieder gefährden.

Leiden Mensch und Umwelt, schrumpft der Kern, weshalb die Politiker als Relaisstationen der Gesellschaft an einer möglichst sanften Beziehung von Wirtschaft und Natur interessiert sein müssen. Wer dagegen ausschließlich auf die Vergrößerung des produktiven Kerns setzt, wird mit seiner Verkleinerung bezahlen. Die zunächst feuerrote Energie, die er erzeugt, ist dann nur der Vorbote der späteren Erkaltung.

Ein gestörter gesellschaftlicher Zusammenhalt und eine geschändete Natur gehen oft Hand in Hand. Volkswirtschaften, die das ignorieren, können also niemals die Antriebsenergien einer großartigen Nation hervorbringen, weshalb die Umstellung von der intensiven Befeuerung auf eine nachhaltige Bewirtschaftung des Kerns ökologisch und ökonomisch geboten ist.

Natur und Gesellschaft akzeptieren auf Dauer keine doppelte Buchführung.

Willy Brandt, der bereits 1961 mit dem Slogan »Der Himmel über dem Ruhrgebiet muß wieder blau werden« in den Bundestagswahlkampf zog, hatte den oft teuflischen Zusammenhang von Wachstum und Maßlosigkeit früh erkannt. Die deutsche Gesellschaft aber stellte sich zunächst taub. Der 85-jährige Adenauer gewann die Wahl.

Nach Jahrzehnten sowjetischer Planwirtschaft verfügen wir allerdings auch über eine andere lehrreiche Erfahrung: Wird der Kern zum Spielfeld einer politischen Ideologie und gerät in die Hände planwirtschaftlich denkender Kommissare, stellt er – wie zum Trotz – das Wachsen ein. So hörte der produktive Kern der Sowjetunion bereits wenige Jahre nach Errichtung der Herrschaft der KPdSU auf zu wachsen, konnte sich dank der kriegsbedingten Annexion der produktiven Kerne anderer Staaten, schließlich auch der DDR, noch in die nächste

Runde retten, bevor spätestens Anfang der Achtzigerjahre die Erkaltung einsetzte.

Selbst der produktive Kern der DDR war bald schon von akuter Erkaltung betroffen. Die Planwirtschaft produzierte Schlagzeilen für die Propaganda, aber kaum exportfähige Produkte. Und eine ökologische Katastrophe war sie auch. Der Staatshaushalt der DDR ließ sich nur auf Pump finanzieren. Ein Milliardenkredit westdeutscher Banken, verbürgt von der Bundesregierung in Bonn, rettete im Sommer 1983 die DDR des Erich Honecker vor der Zahlungsunfähigkeit.

Der Prozess der ökonomischen Erkaltung im Ostblock, der auch von seinen Bewohnern als Mangelwirtschaft empfunden wurde, ließ sich durch die Banken verlangsamen, aber nicht aufheben. Es kam zu einer fortgesetzten Schrumpfung im produktiven Kern der Ostblockstaaten, die so unwiderruflich war, dass Michail Gorbatschow das Imperium schließlich zur Liquidation freigab.

Der produktive Kern im Unterland des Sozialismus war schließlich derart ausgelaugt, dass er nur noch die Übellaunigkeit der Bewohner nährte.

Nicht nur Gebirge, auch politische Systeme können verkarsten.

Die weitere Expansion des glühend roten Kerns der westlichen Volkswirtschaften in Richtung Osten setzte ein, was politisch zum Triumphalismus im Westen führte. Die Überlegenheit des westlichen Wirtschaftssystems schien ökonomisch bewiesen.

*

Betrachten wir nun die Relaisstation, von der eben beiläufig schon die Rede war. Sie befindet sich zwischen dem produktiven Kern und der Kruste. Hier, mein Freund, lebt die Staatlichkeit und verrichtet in hoher Monotonie tagein, tagaus ihre Arbeit. Was nach Abzug von Rohstoffeinsatz, Maschinen, Dividende, Gehältern und Investitionskapital im Kern der westlichen Volkswirtschaften als hochenergetischer Rückstand bleibt, bildet jene Grundausstattung, die dem modernen Staat und seinen sozialen Sicherungssystemen zur Umverteilung zur Verfügung steht.

Der Staat, der aus den Tiefen des produktiven Kerns mit Energie versorgt wird, ist immer nur ein Händler dieser andernorts erzeugten Energie. Auch er kann den Wohlstand, den er verteilt, nicht selbst hervorbringen. Er funktioniert deshalb wie eine Relaisstation zwischen Kern und Kruste, weil er die Nährstoffe aus der rötlichen Zone entnimmt und in den Lebensraum derer pumpt, die an der ökonomischen Wertschöpfung noch nicht – wie die Kinder – oder nicht mehr – wie die Rentner – teilnehmen.

Das Spektrum ihrer Aufgaben passen die Männer und Frauen der Relaisstationen, die wir »Politiker« nennen, den energetischen Möglichkeiten an, zumindest wenn sie klug sind. Arbeitslosigkeit, Krankheit und Alter sind auch im Wohlfahrtsstaat nicht abgeschafft, aber sie bedeuten für die Betroffenen keine existenzielle Bedrohung mehr. Keiner krepiert im Hinterhof. Keiner sitzt bettelnd vor den Toren seines bisherigen Lebens.

Wobei dieser Transfer der Energie vom Inneren des Kerns nach außen in die Kruste dem Kapitalismus nicht immanent ist. Das System musste erst sozial gemacht werden. Die Politik, darin liegt ihr immaterieller Wert, treibt aus der Regellosigkeit die Regel hervor, verwandelt Gesetzlosigkeit in Gesetzmäßigkeit, um das Individuum in seiner Individualität zu stärken.

Auch wenn dieser Prozess unbestreitbar Züge des Kollektivistischen trägt und tragen muss, darf der Politiker nie vergessen, dass er in letzter Instanz der Selbstverwirklichungskraft des Einzelnen zu dienen hat. Und du, mein Freund, darfst bei allem Groll über hohe Abgaben und Steuern nicht vergessen, für wen diese unterirdischen Leitungssysteme installiert worden sind: Der Mensch wird durch den Transfer vom Kern zur Kruste von den Schattenseiten seines

Schicksals befreit. Er hat einen institutionellen Samariter zur Seite. Wenn denn der Sozialstaat ein Logo besäße, wäre es der geteilte Mantel des Heiligen Martin.

Kern und Kruste sind also durch einen Energiefluss miteinander verbunden. Der Überschuss an Energie, die im Kern entsteht, strahlt – vermittelt durch Steuern und Sozialabgaben – bis in die bläulich schimmernde Krustenregion. So gelangt Energie auch zu jenen Menschen, die nicht mehr oder noch nicht am Wertschöpfungsprozess beteiligt sind.

Das sind heute die anderen und bist morgen du.

Die Herrschaft des Schicksals über den Menschen wird dadurch gebrochen. Das »Verzweiflungsgebiet« des Lebens, der »Überraschungsraum« des Alltags, um mit dem Philosophen Joseph Vogl zu sprechen, werden nicht geschlossen, aber beide Biotope werden derart verkleinert, dass sich darin leben lässt.

Die Kruste beherbergt das Abklingbecken für die Arbeitskräfte von gestern und unterhält zugleich die Aufbereitungsanlagen für die Arbeitskräfte von morgen. Die Jungen erfahren hier ihre Anreicherung durch Bildung, und gemeinsam üben sie die Kultur- und Sozialtechniken ein. So wie die Lachse flussaufwärts ziehen, strebt die Jugend dem produktiven Kern entgegen. Je mehr davon bis in den Feuerball der Ökonomie vordringen, umso besser.

Je mehr es dagegen nur bis in die bläulich schimmernden Außenregionen schaffen, desto schmerzhafter für das Gemeinwesen. Deutschlands Wohlstand lebte bisher von einer möglichst großen Zahl an Arbeitern und Angestellten im glühend roten Kern.

Je stärker die Anstrengungen und je besser die Qualität der Lebensertüchtigungsanstalten, die wir Elternhaus, Schule, Ausbildungsbetrieb und Universität nennen, desto intensiver wird die spätere Energieerzeugung im produktiven Kern gelingen. Das erfolgreiche Gemeinwesen braucht Menschen, die exzellent gerüstet und motiviert sind, um die strapaziöse Wanderschaft in Richtung Kern zu unternehmen, um dort möglichst lange wirken zu können.

Das vom Staat organisierte Abzapfen und Verteilen der Energie des Kerns ist eine Zumutung, aber eine notwendige Zumutung. Nur so kann zwischen

Kern und Kruste die energetische Spannung gehalten werden, ohne dass es zum Kurzschluss der sozialen Revolte oder des ökologischen Kollapses kommt.

Zugleich sorgt der kluge Politiker dafür, dass die Energieerzeugung auf hohem Niveau stattfinden kann. Sinkt das Energielevel, steht insbesondere den Krustenbewohnern eine harte Zeit bevor. Der Politiker darf es mit dem Umverteilen also nicht übertreiben, sonst bewirkt er das, was er niemals bewirken darf: die mutwillige Schrumpfung des produktiven Kerns.

Insofern haben die Betreiber der Relaisstation keine einfache Aufgabe. Sie müssen moderieren und ausbalancieren, damit es im Kern nicht zum ökonomischen Unterdruck und auf der Kruste nicht zum politischen Überdruck kommt. Und die Interessen einer stummen Natur gilt es ebenfalls mit denen von Kapitalisten, Kernarbeitern und Krustenbewohnern auszutarieren.

Zur Relaisstation zählen, neben den Politikern, übrigens auch die Beamten, die umsetzen, was eine funktionierende Staatlichkeit benötigt. Sie garantieren, ob als Polizistin oder Richter, als Lehrerin oder Sozialarbeiter, als Soldatin oder Straßenplaner, die Sicherheit und das Funktionieren des Gemeinwesens. Ihre Zahl und damit die Kosten des Systems so auszubalancieren, dass alles funktioniert, ohne dem Kern allzu viel Energie zu entziehen, ist eine hohe Kunst. Für die gibt es keinen Studiengang. Man könnte sie auch als Staatskunst bezeichnen.

*

Die spektakulärste Veränderung unserer Zeit ergibt sich nicht durch die Pandemie und auch nicht durch die Klimaerwärmung, sondern durch die Veränderung im produktiven Kern. Im Innersten unserer Volkswirtschaft wird zunehmend der Mensch durch Kapital ersetzt. Wir erleben, darüber sprachen wir zu Beginn, die große Verdampfung.

Nur noch etwa 20 Prozent aller Arbeitskräfte weltweit zählen zu einer Belegschaft, die wir dem Kern zuordnen können.

Um diesen Sockel der Beschäftigung gruppieren sich in loser Anordnung die mehr oder weniger gut verdienenden Freiberufler und das Heer der prekär Beschäftigten, deren Zahl in den vergangenen zehn Jahren prozentual deutlich schneller gewachsen ist als die deutsche Volkswirtschaft.

Der Finanzminister kennt die Zahlen: Ein Drittel der erwachsenen Bevölkerung, also immerhin 20 Millionen Menschen in Deutschland, zahlten bereits zum Beginn des Lockdowns keine direkten Steuern, weil der Staat dem nackten Mann nicht in die Tasche greifen kann. Das gilt es zu bedenken, wenn in den Medien vor der Coronakrise immer wieder eine »Rekordbeschäftigung« gefeiert wurde. Viele dieser Rekorde können wir uns als Gesellschaft nicht mehr leisten.

Die systematische Austauschaktion, Mensch gegen Mensch-Maschine, wird durch die Pandemie beschleunigt, auch weil die digitalen Geschäftsmodelle sich als stoßfester erwiesen haben. Die neue Welt wird eine Welt der Plattformunternehmen sein, der intelligenten Vernetzung von Hard- mit Software, der künstlichen Intelligenz, die in aller Stille ihre Wanderung in den produktiven Kern unserer Volkswirtschaft angetreten hat.

Das aber bedeutet: Das Produktivitätswachstum wird künftig durch die Reaktion von Technik und Kapital hervorgebracht; die Masse der Beschäftigten, die natürliche Intelligenz, das »Humankapital«, hat aufgrund seiner Unterlegenheit bei dieser Kettenreaktion nicht mehr viel zu melden. Der Technologieforscher Erik Brynjolfsson vom Massachusetts Institute of Technology (MIT) spricht von der »großen Entkoppelung«, denn bisher bildete die Reaktion von Mensch mit Kapital gewissermaßen den Kernprozess der kapitalistischen Mehrwertbildung. Nun aber wird die Masse Mensch dafür nicht mehr gebraucht.

Der produktive Kern entvölkert sich.

Vom Produktivitätsfortschritt der entwickelten Volkswirtschaften können also nicht mehr alle Beschäftigten profitieren. Eine sich selbst verstärkende Lohnspreizung zwischen dem oberen und dem unteren Teil des Arbeitsmarktes hat eingesetzt. Auch Millionen von Akademikern wird mittlerweile der Zutritt zum produktiven Kern verweigert. Die intelligente Maschine hat ihren Platz eingenommen.

Die unbequemste aller Wahrheiten ist damit eine, die ich mich kaum traue auszusprechen, weil sie einer Gotteslästerung gleichkommt:

Der Mensch verliert im ökonomischen Prozess seine Einzigartigkeit. Er strebt im privaten Leben nach Individualismus und Singularität. Im Berufsleben verliert er beides.

Es gibt mit der intelligenten Maschine erstmals eine Alternative; und glaube mir, mein Freund, auch an der Alternative zu dir wird mit Hingabe gearbeitet.

Wer sich sicher fühlt, ist selbst schuld.

Die menschliche Arbeitskraft verliert ihre Bedeutung, weil das Substitut des Menschen, die Erschaffung der Mensch-Maschine, zu gelingen scheint. Wir sprechen hier nicht vom Ersatz der liebenden Eltern, der mitfühlenden Kinder, des erotischen Liebhabers, des gütigen Alten, der gläubigen Seele. Wohl aber sprechen wir von der Abschaffung des Menschen als Arbeitstier, also von der Abspaltung jener Teile unserer Persönlichkeit, die für das Schweißen, Löten, Schrauben, Bohren, Heben und Senken, aber auch das Schlachten, das Nähen und Kochen sowie das Pflegen, Rechnen, Recherchieren, das Lehren, das Konzipieren und Programmieren benötigt werden.

Vorsicht, mein Freund, jetzt nur kein Hochmut!

Ich ahne schon: Du hältst dich für unsterblich und deine berufliche Qualifikation für so singulär, deine Kreativität für so einzigartig, dass kein Roboter und keine künstliche Intelligenz sie ersetzen können. Richtig?

Glaub mir, du irrst. Von all deinen Irrtümern ist der Glaube an die eigene Unersetzbarkeit der größte, womöglich sogar ein Jahrhundertirrtum, weil er deine Warnsysteme desensibilisiert. Ich kann dich im besten Falle zum Zuhören anregen, aber ich kann dich nicht zwingen, aus dem Gehörten deine Schlussfolgerungen zu ziehen.

Das musst du selbst tun. Oder, um es mit dem kolumbianischen Philosophen Nicolás Gómez Dávila zu sagen: »Sätze sind Steinchen, die der Autor in die Seele des Zuhörers wirft.«

Du solltest, und nur darauf will ich an dieser Stelle unseres Gesprächs hinaus, das neue Maschinenzeitalter auf keinen Fall mit einem Selbstbetrug beginnen. Wenn die Maschine lernt, dann du am besten auch. Ich erlebe selbst, wie die Maschine in meinem Beruf sich wortlos ins Zentrum schiebt und dort erste Schneisen schlägt. Die Maschine wird als Übersetzer immer besser, und viele Firmen sind dazu übergegangen, eine Übersetzung aus dem Englischen ins Deutsche der dafür konfigurierten Software anzuvertrauen. Und nur ein Teil der klassischen Übersetzer kommt erst später als Kontrolleur der Maschinenarbeit zum Einsatz.

Auch Börsen- oder Sportnachrichten werden mittlerweile sehr präzise und in Rekordzeit von Softwareprogrammen erstellt. Die reduzierte Sprache eines klassischen Börsen-, aber auch Sportberichts lässt sich von den Algorithmen gut beherrschen. Das Ausrechnen der Tagesgewinner und Verlierer an der Wall Street kann der erfahrenste Börsenreporter nicht in Sekundenschnelle liefern. Doch das ist erst der Anfang. Schon werden Programme entwickelt, die sogar Romanmanuskripte lesen und begutachten können.

In San Francisco, einem der großen Erdbebengebiete der Welt, werden die Berichte des Seismografen mittlerweile automatisiert erstellt und publiziert, weil kein Mensch in Echtzeit lesen, verstehen und schreiben kann. Die Maschine aber kann genau das, und der von ihr erstellte Ad-hoc-Bericht über die Intensität der kommenden Erdstöße wird durch die Geschwindigkeit von Erstellung und Verbreitung eines Tages Zehntausende von Menschenleben retten.

Die Mensch-Maschine – das genau ist der Stoff für das Drama unserer Tage – verdrängt erst den Menschen, um den Verdrängten sodann zu retten.

Jede Erfindung für sich ist unerhört, von den Mobiltelefonen, den Sprachassistenten, den medizinischen Diagnoseprogrammen bis zu den selbstfahrenden Autos, und gar nicht zu reden von den im All kreisenden Supersatelliten, die mit ihren Daten für eine optimale Bewirtschaftung der globalen Weide- und Ackerflächen sorgen. Doch erst in der Vernetzung liegt das nie Dagewesene, das unser Jahrhundert prägende Phänomen. Deshalb träumen die Kapitalbesitzer von einer Automatisierungsrendite in bisher nicht gekanntem Ausmaß. Das Raumschiff Enterprise, könnte man meinen, ist in unserem Vorgarten gelandet.

*

Du und ich, mein Freund, haben auf unserer Expedition mittlerweile den Marsch zurück angetreten, der uns vom feuerroten Kern wieder in die Zonen des Übergangs führt, jene bläulich schimmernden Außenbezirke der Produktivität, wo bereits die Verkrustung eingesetzt hat, wo der Kern von gestern sich wie erkaltende Lava in die Landschaft schiebt. Es findet noch Wertschöpfung statt, aber nur noch auf einem ständig schwächer werdenden Energielevel. Unklar ist, ob hier noch Gewinne oder schon Verluste erwirtschaftet werden. Die Wirtschaft ist umfassend erstarrt.

Die Männer und Frauen aus den Relaisstationen der Umverteilung sind längst ausgerückt, um in dieser Zone des nahenden Todes mit Protektion und Alimentation die Situation zu stabilisieren. Hier werden Löhne aufgestockt, Fördergelder ausgereicht, Rettungsschirme gespannt, Steuerschulden gestundet – auch schon vor der Pandemie. Doch die Verkrustung und ihre Effekte können die fleißigen Helfer aus der Relaisstation nicht aufhalten, nur verlangsamen.

Es kommt zu einem fortschreitenden Energieabfall und in dessen Folge zu immer weniger Umverteilungsenergie.

Das Erkalten des Kerns beginnt an seinen Rändern, und je weiter sich diese erkalteten Zonen in Richtung des Zentrums schieben, desto spürbarer verliert eine Nation ihre Dynamik. Die Energie, die in einem schrumpfenden Kern noch erzeugt wird, reicht bald nicht mehr aus, die Zusagen und Erwartungen der Krustenbewohner zu erfüllen. Vielen von uns bleibt, wenn wir nicht angemessen reagieren, nur noch ein Leben auf den Endmoränen einer vergangenen Zeit.

Der Abbau sozialer Sicherung wird begleitet von dem Versuch, die noch arbeitsfähigen Teile der Krustenbevölkerung – und sei es mit den Instrumenten des Zwangs – wieder in Richtung des Kerns zu bewegen. Die Heraufsetzung des Rentenalters und die Verschärfung der Normen zur Aufnahme schlecht bezahlter Arbeit sind die dafür gängigen Instrumente. Das Hartz-IV-Programm war für die alte Bundesrepublik eine lebensverlängernde Maßnahme. Aber es bedeutete eben nicht die Vergrößerung des produktiven Kerns, sondern nur eine Verkleinerung der Kruste. Das ist nicht dasselbe.

Da diese Menschen nie mehr in den glühend roten Kern vorstoßen werden und auf ewig in den bläulich schimmernden Randbereichen der Wertschöpfung angesiedelt bleiben, ist der tiefere Sinn dieser Disziplinierung ein anderer: Der unter Druck geratene Sozialstaat versucht auf diese Art, sich Luft zu verschaffen. Er verkürzt seine Bilanz um jene Positionen, die ihm Kosten und Kopfschmerz verursachen.

Betrachtet man die Wanderungsbewegung zwischen Kern und Kruste, stellt man fest: Zur Hochzeit des »Modells Deutschland« wanderten mehr Menschen von der Kruste zum glühend roten produktiven Kern. Das Arbeitskräftepotenzial im Innersten war knapp. Die Werktätigen mussten erst aus Italien, Griechenland und dem ehemaligen Jugoslawien, dann auch aus Anatolien importiert und dem Kern zugeführt werden.

Heute dagegen werden aus dem glühend heißen Kern, da, wo die zweistelligen Renditen erzielt werden, Menschen ausgesteuert und durch Kapital ersetzt. Auch die Facharbeiterschaft im Ganzen schrumpft, obwohl ständig ein Mangel an Qualifizierten gemeldet wird. Zugleich muss der Zone höchster Produktivität immer mehr Energie entzogen werden, um die vertraglich zugesicherte Alimentation der Kruste finanzieren zu können.

Die Zuwanderung unserer Tage ist ökonomisch deshalb ein Problem, weil sie – anders als die Migration der Sechziger- und Siebzigerjahre – nicht mehr schnurgerade in den produktiven Kern führt, sondern oftmals an den Ausgabeschaltern des Sozialstaates endet. 65 Prozent der seit 2015 gekommenen Migranten befinden sich in keinem regulären Beschäftigungsverhältnis. Viele fristen ihr Leben in den Randzonen der Gesellschaft, wo Armut, Ausbeutung und organisierte Kriminalität einander berühren.

Die Integration der Zugezogenen in das neue ökonomische System, das in seinem Kern nun nach Hoch- und Höchstqualifizierten verlangt, gelingt kaum mehr. Außerordentliche Anstrengungen kultureller Ertüchtigung und technologischer Qualifikation wären nötig, um die Migranten und Migrantinnen dem Kern zuzuführen. Diese Anstrengung des Gastgeberstaates unterbleibt weitgehend, weshalb die

Überforderung des Sozialstaats, auch ohne die Zusatzkosten der Pandemie, absehbar ist.

Der Sozialstaat, der mit seinen Versicherungsmathematikern, Bedürftigkeitsprüfern und Suchtberatern einen Staat im Staate unterhält, ist zu einer historischen Größe emporgeschossen. Er kassiert, verzehrt und verteilt pro Jahr rund eine Billion Euro – knapp ein Drittel des BIP 2019 –, was gemessen an der Bevölkerungsgröße unseres Landes einen Weltrekord darstellt. Wahrscheinlich der einzige Weltrekord, den wir im Bereich der Ökonomie noch halten.

Wenn das Geld der braven Steuerzahler nicht reicht, geht Vater Staat zu den Banken und bittet in unserem Namen um Nachschub. Seit auch das nicht mehr ausreicht, die Bedürfnisse der Gesellschaft zu befriedigen, wird in Frankfurt Geld gedruckt. Die Pandemie lieferte den perfekten Vorwand, diese neue Form der Staatsfinanzierung ins Excessive zu treiben. Die wundersame Geldvermehrung und ihre Folgen werden uns auch dann noch beschäftigen, wenn das Wort »Corona« wieder aus dem öffentlichen Sprachgebrauch verschwunden ist.

So versucht der Staat, das »umfassende Bändigungsversprechen« der sozialen Marktwirtschaft, von dem der Historiker Andreas Rödder spricht, in schwieriger Zeit zu erfüllen. Der Anteil der Sozialausgaben stieg von drei Prozent am Reichshaushalt des Jahres 1919 auf einen Anteil von 50 Prozent am Bundeshaushalt 2020. Insgesamt wird heute nahezu jeder zweite Steuer-Euro, der im produktiven Kern verdient wird, an den Relaisstationen abgefangen und umgeleitet – ans Militär, an die Schulen, in das Sozialsystem, an die Bürokratie, und auch die Banken halten für ihre großzügige Kreditvergabe der letzten 70 Jahre die Hand auf.

Denn: Die mittlerweile astronomisch hohen Schulden Deutschlands von 1,9 Billionen Euro werden trotz einer zehn Jahre währenden Hochkonjunktur nicht zurückgezahlt, sondern in der staatlichen Schuldenumwälzanlage immer wieder erneuert.

Allein in den letzten 15 Jahren, die in die Verantwortung von Angela Merkel fallen, mussten seitens der Bundesrepublik für das Beschaffen und Bedienen der Kredite rund 400 Milliarden Euro aufgewendet werden. Jetzt, wo der Staat die Schuldenaufnahme erneut steigert, wird die Rechnung nochmals deutlich erhöht.

Der Retterstaat baut seine angestammte Relaisstation zwischen Kern und Kruste zur Kommandozentrale aus, er spannt seine Rettungsschirme über Reisebüros und Einzelhändlern, über Gastronomen, Kurzarbeitern und Solo-Selbständigen – und auch über den Staaten Südeuropas auf. Einzelne Unternehmen – wie die Commerzbank, die Lufthansa oder der Impfstoffhersteller CureVac – sind ihm eine direkte Beteiligung wert. Angst vor seiner Überforderung hat er jetzt, wo die Notenbank zur Staatsfinanzierung übergegangen ist, nicht mehr.

Es kommt zu dem, was Alexander Kluge den »Angriff der Gegenwart auf die übrige Zeit« nennt.

*

Die Aussicht auf den wiederholten Erwerb des Titels »Umverteilungsweltmeister« ist keine Verlockung, zumal die Grundvoraussetzung dafür eine Spitzenposition unter den reichsten Nationen der Erde wäre. Diese Spitzenposition aber wird Deutschland nur halten können, wenn es bei den neuen Technologien in der ersten Liga spielt. Für technologische Nachahmer gibt es keinen Platz an der Sonne. Deutschland muss sich also entscheiden, und das bedeutet: Auch du, mein Freund, musst dich entscheiden.

Du kannst die Maschinen stürmen, wozu ich dir nicht raten würde.

Du kannst die Maschine umarmen, was bekömmlicher wäre.

Aber am besten wäre es: Du erfindest sie.

Sei der Meister der Maschine, nicht ihr Lakai. Sei der Treiber von Innovation, nicht der Getriebene. Setze dich an die Spitze der Bewegung, bevor der Abstand größer wird. Lass uns gemeinsam die Voraussetzungen dafür schaffen, dass der relative Abstieg des Landes sich nicht weiter fortsetzt.

Wir beide wissen, dass die globale Technologie- und Effizienzrevolution die Voraussetzung dafür ist, dass sich die wachsende Erdbevölkerung durch dieses Jahrhundert wird bewegen können. Die Auswirkungen der Technologie sind so phänomenal, dass es ein großes Unglück wäre, sie behindern zu wollen. Mit der Brille von OrCam können Blinde und Sehbehinderte wieder lesen – Bücher, Straßenschilder, U-Bahn-Pläne und Speisekarten.

Durch die Lernfähigkeit der Computer, die Experten sprechen vom »machine learning«, wird das Risiko der ärztlichen Diagnose, der Kreditvergabe, der Ernte, der Kollision im Luftraum deutlich minimiert, weil jedes Update auf einem Lernprozess beruht, der nun ein weltweiter ist. Und dabei ist das »machine learning« nur ein Übergangsphänomen, schon wird in den Denkfabriken der künstlichen Intelligenz an Konzepten gearbeitet, die das menschliche Gehirn imitieren, und die Labore von Alphabet – der Mutter von Google – arbeiten an superschnellen

Quantencomputern. Und am »ewigen Leben« arbeiten sie auch.

Mit dem selbstfahrenden Auto kommen schon bald Kinder, Kranke und selbst Angetrunkene sicher zu Hause an. Die meisten der bisherigen Unfälle von automatisierten Fahrzeugen beruhten übrigens nicht auf Programmierungsfehlern, sondern auf menschlichem Fehlverhalten des individuell gesteuerten Verkehrs.

Der Mensch vor und hinter dem autonomen Fahrzeug ist die Fehlerquelle, nicht der Computer. Nahezu alle Experten für künstliche Intelligenz gehen davon aus, dass es in einer vernetzten Welt, in der Automobile, aber auch Wettersatelliten, Fluggesellschaften, Menschen und Nutztiere ihre Echtzeitdaten sammeln und senden, keine Unfälle mehr geben wird.

Die Automobile werden so programmiert sein, dass sie niemals mehr einem anderen Datenträger zu nahe kommen. Derzeit, das vielleicht zur Erinnerung, sterben noch 1,3 Millionen Menschen pro Jahr im Straßenverkehr, davon fast 23 000 bei uns in EU-Europa.

Wir als Familie können in der Welt des autonomen Fahrens wie früher nachts nach Spanien fahren, nur dass jetzt alle im Auto schlafen, nicht nur die Kinder. Das Auto ist kein Auto mehr im klassischen Sinne, sondern ein kleiner Schlafsaal.

Der Fahrersitz wird zunächst noch Bestandteil des Autos bleiben, aber eher aus nostalgischen Gründen und um unsere Gewohnheit nicht zu stören. Nach und nach wird das Cockpit für den Fahrer genauso verschwinden wie die Tastatur vom Telefon, das nun auf Gesichtserkennung und Sprachsteuerung umschaltet.

Die größten Durchbrüche stehen in der Medizin bevor. Die Medikamente werden in der Welt von morgen nicht mehr vom Arzt verordnet und dosiert, sondern von unseren Körpern selbst. Novartis hat bereits eine Kontaktlinse entwickelt, die anhand der sie umgebenden Tränenflüssigkeit den Blutzuckerspiegel misst. Andere Hersteller implantieren Messsonden und Einspritzpumpen, die mithilfe eines Smartphones den Patienten überwachen und medikamentös behandeln. Dank dieser »personalisierten Medizin« wirst du gesund, bevor du krank wirst.

Das Versprechen der Unsterblichkeit rückt in die Sichtweise unseres Lebens. Das Träumen davon ist möglich geworden, weil die Echtzeitmessung biometrischer Daten, das tägliche Gespräch mit dem Robo-Doc und die weltweite Mustererkennung der so gewonnenen Daten und Stimmungen schon kleinste Veränderungen registrierbar und therapierbar machen. Wir lesen im Buch unseres Lebens, während wir es schreiben – und wer neugierig ist, kann schon mal ein paar Kapitel in seinem Leben weiterblättern. Die Experten nennen das »predictive analytics«, vorausschauende Analyse.

Wenn da nur nicht vorher dein Verschwinden aus der Arbeitswelt zu vermelden wäre, mein Freund. Darin eben liegt die strukturelle Grausamkeit von Bill, Mark, Steve und Jeff: Sie bauen eine Wunderwelt, in der wir nie Gefühltes fühlen, nie Gesehenes sehen und das bisher Unteilbare mit anderen teilen können. Nur dass wir dafür mit unserem Verschwinden bezahlen sollen.

Höflich fordert man uns auf, den produktiven Kern der Volkswirtschaft zu verlassen. Für Millionen Menschen, die bisher im produktiven Kern ihrer

Volkswirtschaften beschäftigt sind, wird es künftig heißen: Vorsicht Energieerzeugung. Zutritt verboten.

Für Menschen ohne Hochbegabung, ohne Pionier-Gen und mit unterentwickeltem Erfindergeist wird die Wanderung zum glühend roten Kern auf den kalten Zufahrtswegen enden. Für sie wird der Kapitalismus in der Tat – wie vom italienischen Philosophen Giorgio Agamben prophezeit – zur leeren Religion. Das goldene Kalb entpuppt sich, kaum dass sie es berühren wollen, als Attrappe.

Deshalb auch wird an den Ausgabeschaltern des Sozialstaates für jene Menschen, die ihre Zutrittsmöglichkeit zum Kern verloren haben, nunmehr Opium für das Volk verteilt, künftig auch in der Familienpackung. Ein kulturell subversiver Prozess ist im Gange, dessen systematische Tiefe man dir bisher verschwiegen hat. Die Männer und Frauen in den Relaisstationen fürchten deine Furcht, weil aus ihr eine das System verändernde Kraft erwachsen könnte. Über das, was in der Geschichte geschah, wenn die Mitte erst grimmig und dann grausam wurde, haben wir schon gesprochen.

Geschichte wiederholt sich nicht, sagen viele. Aber so ganz sicher können wir uns dessen nicht sein. Der aufkeimende Nationalismus ist womöglich der Sturmvogel, der vor dem Kommenden warnt.

*

Die politische Klasse ist auf spektakuläre Weise abgelenkt. Immer gibt es etwas Neues, vor dem wir, Europa oder die Welt, gerettet werden müssen. Zu einer strategischen Antwort auf die Veränderung im produktiven Kern des Landes war bisher keine der bundesdeutschen Parteien in der Lage.

»Gaslighting« nennen die amerikanischen Wahlkampfstrategen die kunstvolle Inszenierung von Wirklichkeit. Der Begriff »Gaslighting« ist dem Theaterstück »Gas Light« von Patrick Hamilton entnommen, in dem ein herrschsüchtiger Ehemann seine Frau in seine Abhängigkeit bringt. Er tut das, indem er mithilfe der heimischen Gaslaternen die häusliche Beleuchtung und damit die Tageszeiten fingiert.

Es dunkelt am Morgen, und am Abend erstrahlt das Haus im Tageslicht. So trübt er ihre Wahrnehmung, schwächt ihr Urteilsvermögen und erzeugt eine mentale Abhängigkeit. Das bewusste Setzen einer politischen Beleuchtung – nach dem Motto: Wir müssen deutlicher sein als die Wirklichkeit – gehört heute nicht nur in den USA zum Handwerkszeug der Meinungsmacher aller politischen Lager.

Die routinierte Verwandlung jedes halbwegs ernsthaften Themas in eine apokalyptisch anmutende »Katastrophe« darf im Sinne des Gaslightings als geglücktes Storytelling gelten. Plötzlich erscheinen alle anderen wichtigen Aufgaben von Politik klein und nichtig. Die Pandemiebekämpfung war nur das Vorspiel.

Vater Staat zeigte sich von seiner autoritären Seite. Wir alle konnten erleben, mit welcher Wucht und Wirksamkeit die eiserne Faust des Staates in das Wirtschaftsgeschehen und damit in die Wohlstandserzeugung einzugreifen vermag. Von einer Woche zur nächsten wurde eine medizinisch imprägnierte Weltsicht zur neuen Staatsreligion, und alles, was bis dahin wichtig war – die Schulbildung, die Kinderbetreuung, das Kulturleben, die Geldwertstabilität und die Marktwirtschaft –, musste wie per Marschbefehl nach hinten abtreten. Ohne dass darüber je eine öffentliche Aussprache oder gar eine Abstimmung stattgefunden hätte, wurde das wirtschaftliche Leben auf einen Punkt nahe Null heruntergepegelt.

Über die vermeintliche Alternativlosigkeit dieses autoritären Aktes und seine sozialen Folgewirkungen wird erst jetzt heftig diskutiert.

Die subversiven Veränderungen der Arbeitswelt aber, die in den kommenden zehn Jahren bis in jede Pore deiner privaten Existenz vordringen werden, mein Freund, erscheinen in der düsteren Beleuchtung der permanenten Apokalypse unbedeutend. Als Ausgleich für entgangene Lebenschancen bietet man dir ein gutes Gewissen und – weil das zum Leben nicht reicht – das schon angesprochene bedingungslose Grundeinkommen. Du sollst nicht mehr befördert, sondern abgefunden werden. Du wirst vom Opfer der Verhältnisse, so wie Karl Marx und Friedrich Engels dich sahen, zum Täter umgedeutet. Dieser Wechsel des Narrativs, die Veränderung der Beleuchtung, hat eine gravierende Folge: Du sollst nicht mehr befreit, sondern limitiert werden. Man will deinen Aktionsradius nicht mehr erhöhen, sondern reduzieren.

*

Die Weltenrettung hat es eilig, die Demokratie braucht Zeit. Der demokratische Prozess der Meinungsbildung ist per definitionem eine Suchbewegung, ein Verfahren des organisierten Interessenausgleichs, der gar nicht anders kann, als mit einem Kompromiss zu enden. Der moralisch, klimatisch oder auch epidemiologisch begründete Notstand aber, der allenthalben ausgerufen wurde und weiter ausgerufen wird, exekutiert eine an höherer Stelle gewonnene Erkenntnis, die sich dem Verfahren von Meinungskampf und Interessenausgleich entzieht.

Das Notständige duldet keinen Aufschub.

Insofern war die vor den Vereinten Nationen gehaltene Rede der Greta Thunberg eine ehrliche, weil autoritäre Rede: »How dare you?« Wie könnt ihr es wagen, anders zu denken als ich.

So sprechen Missionare.

Die Coronakrise hat diesen Hang ins Autoritäre befördert. Die Kritik der Kanzlerin an den »Diskussionsorgien« einer pluralistisch verfassten Öffentlichkeit war das Berliner Echo der New Yorker Rede. Die obrigkeitsstaatliche Form der Ansprache, gegen die sich nicht das Parlament, wohl aber der Theatermann Frank Castorf zur Wehr setzte (»Ich möchte mir von Frau Merkel nicht sagen lassen, dass ich mir die Hände waschen muss«), markiert einen neuen Tiefpunkt im Verhältnis der Bürger zu ihren gewählten Repräsentanten. Aus dem süßen Versprechen der Reformzeit »Mehr Demokratie wagen« wurde ein barsches: »Haltet die Klappe«. Der Staat, der von der Idee beseelt scheint, uns vor uns selber zu schützen, greift mit eben dieser Begründung tief in das Leben seiner Bürger ein.

Er reguliert, wer, wann wie öffnen darf, in welchem Abstand wir einander begegnen, welche Geschäftsmodelle – Fliegen? Busfahrten? Livekonzerte? – und welche Freizeitvergnügen – Fußball? Sauna? Karneval? – künftig noch schicklich sind. Und wieder bist du, mein Freund, nicht das Objekt der Befreiung, sondern der Limitierung.

Der kleine Mann soll nicht groß, sondern kleiner gemacht werden.

So ist es nicht verwunderlich, wenn Demokratie von vielen nicht mehr als Errungenschaft, sondern als Tragödie empfunden wird. Tragödie deshalb, so beschreibt es Jason Brennan, Professor an der Georgetown University, in seinem Buch *Gegen Demokratie*, weil dieses Entscheidungsverfahren, wie er meint, ungebildete, falsch oder schlecht informierte Menschen zwinge, verhängnisvolle Entscheidungen zu treffen. Die Wahl von Donald Trump und die britische Obsession, die EU verlassen zu wollen, werden als Belege für die geistige Impotenz der demokratischen Gesellschaft ins Feld geführt. Einziger Ausweg: die Diktatur der Experten. Das Wissen der Wenigen versus die Klugheit der Vielen.

Ich denke, wir sollten den Apokalyptikern spätestens an dieser Stelle freundlich, aber bestimmt sagen: Demokratie und Rechtsstaat sind nicht verhandelbar. Eine Pandemie bedeutet die dringliche Aufforderung zum Handeln, aber einen demokratischen Notstand begründet sie nicht. Die Toleranz der Toleranten darf nicht den Sieg der Intoleranten bedeuten, wie wir bei Popper gelernt haben. Du, mein Freund, bist hier gefordert. Deine Waffe sei das Argument; dein Erkennungsmerkmal die Nachdenklichkeit, und auch Camus' »unbesiegbarer Sommer« lässt sich gegen die Lust an der Apokalypse mobilisieren.

Wir sollten nicht zulassen, dass Natur und Gesundheit gegen »die Wirtschaft«, deren unverrückbarer Teil wir selbst sind, ausgespielt werden. Effektiver Umweltschutz und wirksame Gesundheitsvorsorge werden niemals gegen »die Wirtschaft« funktionieren, so wie auch umgekehrt richtig ist: Die Wirtschaft ist auf eine intakte Umwelt und auf gesunde Mitarbeiter und Kunden angewiesen.

Das Entweder-oder-Spiel der Lobbyisten dient ihren Interessen, nicht deinen, mein Freund.

Die permanente Reduktion von Komplexität, auf die sich Politik und Medien offenbar verständigt haben, verkleinert das Verstehen und vergrößert jene Probleme, die zu lösen sind.

Die Wahrheit ist: Digitalisierung, Globalisierung und Ökologie bilden das magische Dreieck der neuzeitlichen Transformation – und damit auch das Narrativ der künftigen Fortschrittsgesellschaft. Nur wer alle drei Phänomene zusammendenkt, ihre innere Vernetztheit erkennt und an einer Welt mitbaut, die global, digital und ökologisch ist, kann vor der Geschichte bestehen. Wer aber das Geschäft von Verengung, Banalisierung und Dramatisierung betreibt, macht sich schuldig.

*

Die politische Klasse hat von Zukunftsgestaltung auf Selbsterhalt umgeschaltet. Ihr utopisches Feuer ist erloschen, was nicht nur an den handelnden Personen, sondern auch an den sie tragenden Strukturen liegt. Die repräsentative Demokratie mit ihren Hinterzimmern und Schleichwegen, ihren geheimen Codes und einer nicht mehr zu leugnenden kulturellen Überforderung hat den Zenit ihrer Akzeptanz überschritten. Sie kann dem Gemeinwesen keine entscheidenden Impulse mehr geben.

Das alte Prinzip, dass alle Macht vom Zentrum ausgeht und sich von dort in die Peripherie verbreitet, funktioniert nicht mehr, auch wenn uns die demoskopisch ermittelte Zustimmung zur Corona-Politik der Kanzlerin zwischenzeitlich anderes zu signalisieren schien. Die industriellen Konglomerate wie General Electric, Siemens und ThyssenKrupp zerfallen, die Volksparteien erodieren, die Energieversorgung wird mit wachsender Unabhängigkeit von fossilen Brennstoffen dezentral. Das Zeitalter des Massentransports begann mit der Eisenbahn und bringt nun eine Sharing-Ökonomie hervor, in der autonome Kleinstfahrzeuge dank ihrer Vernetzung in kleinen Portionen große Menschenmengen bewegen.

Auch die aus verschiedenen Klassen, Religionen und Ethnien zusammengesetzten Gesellschaften des Westens funktionieren am besten dezentral. Die »kleinen Lebenskreise«, von denen Kurt Biedenkopf einst sprach, bilden in der Summe ihrer Vielfalt einen großen Lebenskreis. Nur im Zusammenspiel mit den dezentralen Mächten – der örtlichen Kirchengemeinde, der Bürgerinitiative, der Nichtregierungsorganisation, dem Familienunternehmer und dem Fußballklub – gelingt es, Normen durchzusetzen und eine ordnungschaffende Macht zu entfalten. Parlament und Regierung, Polizei und Justiz können das nicht mehr allein leisten.

Der Regeln setzende Zentralstaat sollte seine Durchsetzungskraft besser nicht überschätzen. Nur eine neue Kultur der Partizipation kann der Demokratie aus der Patsche helfen.

In den »kleinen Lebenskreisen« ist die Vitalität der Bürgergesellschaft gespeichert. Diese Bürgergesellschaft lebt, nur eben außerhalb der alten Fürstentümer. Damit findet die politische Macht wieder ihren Weg zurück zum Bürger.

Selbst die Geschäftsmodelle der Firmen müssen heute der Gesellschaft zur Ratifizierung vorgelegt werden, nicht mehr nur dem Aufsichtsrat. Die Atomindustrie weiß, wovon hier die Rede ist.

Ihre Akzeptanz war in Deutschland erloschen, noch bevor die gesetzlichen Laufzeiten der Kraftwerke sich dem anpassten. Es geht hier nicht darum, ob der Atomausstieg sachlich geboten war. Es ist jetzt nicht wichtig, ob die Angst der Bürger vor genveränderten Nahrungsmitteln gerechtfertigt ist. Es ist unerheblich, ob die Casino-Mentalität der Investmentbanker wirklich die Weltfinanzkrise ausgelöst hat. Es geht um die Anerkennung eines Prinzips:

Die Macht ist dabei, sich von den alten Kommandohöhen – Parteien, Staat sowie den Vorständen und Aufsichtsräten der Unternehmen – in die Bürgergesellschaft zu verlagern.

Sie tut das ohne Volksbegehren und ohne Initiativantrag auf dem nächstgelegenen Parteitag schlicht dadurch, dass sie sich dem bisherigen Prinzip einer als autoritär empfundenen Entscheidungsfindung verweigert. Albert Camus: »Was ist ein Mensch in der Revolte? Ein Mensch, der Nein sagt.«

Du und ich, mein Freund, wir sind Teil dieser stillen Erhebung. Im Unterschied zu den Revolutionären vorangegangener Jahrhunderte, die Barrikaden in Brand steckten und Dynamit in den Taschen trugen, sind wir, die neuen Aufständischen, gesittet und höflich.

Die privaten Banken werden nicht gestürmt, nur reguliert.

Den Fabriken der Nuklearwirtschaft drohte keine Sprengung, nur die Abschaltung.

Der Siemens-Chef muss nicht die Guillotine fürchten, nur die Nichtverlängerung seines Vertrags.

Die Fusion von Bayer und Monsanto wird nicht verboten, nur um die Entschädigungssumme von zehn Milliarden Dollar verteuert.

Wir erleben nichts Geringeres als die Demokratisierung der Demokratie. Und du, mein Freund, wirst vom Wasserträger der Politik zur ersten Quelle politischer Legitimation.

Deine Selbstertüchtigung ist schön anzusehen. Deine Furcht hat sich in Widerstand verwandelt, dein Missvergnügen in Mut. Du bist jetzt der, auf den du immer gewartet hast. Der Schalter, der dafür umgelegt werden musste, befindet sich in deinem Kopf. Ihn umzulegen, war keine leichte Übung. Aber es war und es ist die wichtigste Voraussetzung dafür, dass wir in den Zug Richtung Zukunft endlich einsteigen. Viele andere Nationen sind schon drin. Wir beide haben lange genug gezögert.

Du bist für mich der Pionier einer neuen Zeit, auch wenn du von dir bescheidener denkst. Aber schon die Ernsthaftigkeit unseres Gespräches zeigt mir, das du deine Entscheidung getroffen hast. Aus dir wird kein guter Untertan mehr. Deine Lippen wirst du nie wieder synchron zu den Worten eines Politikers bewegen. Du hast deinen Blick auf die Welt verändert. Du bist aus dieser existenziellen Krise als Souverän hervorgegangen. Dein Aufstand ist ein Aufstand des Denkens. Und es ist der Aufstand unserer Zeit.

Es gibt für das Kommende keinen Masterplan. Aber der Kern vom Kern der notwendigen Veränderung lässt sich in vier Punkten beschreiben, die du mit deinen eigenen Ideen vervollständigen solltest. Denn ich verstehe unser Gespräch als Anstiftung zum Selberdenken. In der Summe könnten deine und meine Ideen eine Agenda des Aufbruchs bilden.

*

*Erstens:
Bildung und Digitalisierung
sind Geschwister.*

In Zeiten der künstlichen Intelligenz muss die Rolle der natürlichen Intelligenz von uns Menschen neu gedacht werden. Sie erfährt derzeit eine historisch nie da gewesene Abwertung. Im Interesse der Menschheit als Kollektiv, so die bizarre Dialektik dieser Tage, wird der einzelne Mensch in seiner Reichweite geschrumpft. Er rückt vom Zentrum der Wohlstandsvermehrung an dessen Peripherie. So wie einst die Muskelkraft verliert heute unsere Wissenskraft ihre Einzigartigkeit.

Noch lassen sich die Wirkungen, die der Austausch von Menschen gegen Mensch-Maschinen hervorbringt, in ihrer Gesamtheit nicht absehen. Aber dass Bildung und Qualifizierung, damit also die Anreicherung unserer Köpfe, zur ersten Priorität werden, ist unstrittig. Der Mensch muss seine Überlegenheit gegen die von ihm selbst erschaffene menschenähnliche Technologie verteidigen.

Das Betriebssystem des 21. Jahrhunderts wartet noch darauf, installiert zu werden. Mit den üblichen Laubsägearbeiten der Politiker ist es nicht mehr getan. Es geht um nichts Geringeres als die Entfesselung der wichtigsten menschlichen Produktivkraft, des Geistes. Der Mitteleinsatz im Bildungssektor müsste dazu in der kommenden Dekade verdoppelt und womöglich verdreifacht werden.

Bildung und Digitalisierung sind Zwillingsschwestern. Nur durch exzellente Vorschulen, mit schultypübergreifend kleinen Klassen – weniger als zehn Schüler –, einer erstklassigen technologischen Ausstattung und nicht zuletzt hoch motivierten Pädagogen, denen wir für ihr Engagement Respekt und eine wettbewerbsfähige Bezahlung schulden, lässt sich der Sprung ins Digitalzeitalter erreichen. Ausbilder, Pädagogen und Lehrer sind in der künftigen Bildungsrepublik Deutschland nicht länger die Vorsteher einer schulischen Verwahranstalt, sondern die Manager des Wiederaufstiegs. Die Universitäten, und nicht mehr die Bankpaläste, seien die Kathedralen dieser neuen Zeit. Das Bildungsideal des Landes muss sich dafür eher an Harvard und Stanford orientieren als an den Gesamthochschulen von Essen und Kassel. Die Programmiersprachen gehören – wie Englisch und Mandarin – auf den Lehrplan, schon um eine für alle zugängliche Schnittstelle zwischen Mensch und Maschine zu schaffen.

Dem Befund, dass unser heutiges Bildungssystem immer schlechtere Resultate hervorbringt, sollten wir uns nicht länger verschließen. Anders als in den Sechziger- und Siebzigerjahren gibt es immer weniger Bildungsaufsteiger; es hat sich eine Klassengesellschaft herausgebildet, die eine fatale Arbeitsteilung pflegt: Die Parteien bauen nivellierende Schulen und bekämpfen die Elitenbildung. Das gut situierte Bürgertum schüttelt leise den Kopf und schickt den eigenen Nachwuchs erst auf heimische Privatschulen und anschließend auf Spitzenuniversitäten im Ausland, schon um das bescheidene Fremdsprachenniveau in Deutschland zu heben.

Die Mitte der Gesellschaft und das neue Dienstleistungsproletariat bleiben gemeinsam außen vor. Ihr Nachwuchs kann die Spitzenleistungen, die es künftig braucht, um in den produktiven Kern der Volkswirtschaft vorzustoßen, so niemals erbringen. Viele junge Menschen der Gegenwart werden gegen ihren Willen und gleichwohl vorsätzlich zum integralen Bestandteil einer Abstiegsgesellschaft, die den Status der Eltern nicht länger halten und auf keinen Fall überbieten kann.

Das Tun und Treiben der Gutsituierten liefert die Blaupause für das, was der Staat für alle ermöglichen sollte. Der nächste Bundeskanzler und auch die kommenden Ministerpräsidenten sollten, um diese Ambition in die Wirklichkeit zu übertragen, in Personalunion die Bildungsressorts führen. Denn jedermann weiß:

Die bisherigen Bildungsminister sind Randfiguren des politischen Betriebs geblieben, und es ist heute gleichgültig, ob sie rote oder schwarze Randfiguren sind.

Das Thema aber gehört in einer wissensbasierten Volkswirtschaft, die wir erst wieder werden müssen, ins Zentrum des Geschehens, nicht an die Peripherie. Mit derselben grimmigen Entschlossenheit, mit der eben erst der Lockdown der Volkswirtschaft verordnet wurde, müsste jetzt die Entfesselung der Bildungspotenziale organisiert werden.

Hochschulen und Forschungseinrichtungen, das allerdings ist keine Nebenbedingung der Neuzeit, sollten wieder Wissenschaftler hervorbringen, nicht zuerst politische Aktivisten. Mit »Agenda-Wissenschaftlern«, so nennt die Hochschullehrerin Sandra Kostner jenes immer lauter werdende Wissenschaftspersonal, das Moral und politische Korrektheit über Erkenntnis und Skepsis stellt, wird es keine Sprunginnovation geben können. Der Satz von Hannah Arendt gehört über jeden Hörsaal: »Niemand hat das Recht zu gehorchen.«

Deutschlands Universitäten brauchen wieder eine wilde und kreative Forschungslandschaft, die getrieben wird von Neugier und Pioniergeist, die einen neuen Alfred Wegener, eine neue Marie Curie gebiert und nicht die alten Helden mumifiziert. Die den Klimawandel nicht nur mit gebieterischer Miene prophezeit, sondern präzise erforscht, wie man auch mit größeren Klimaschwankungen leben kann. Die diese Welt neu denkt. Und die es nicht anstößig findet, dass die Setzlinge ihrer Forschung sich als Start-ups direkt neben der Hochschule ansiedeln.

Die Probleme der Zuwanderung – auch darin steckt eine Botschaft für die Bildungspolitik – ergeben sich zum Großteil nicht aus der Zuwanderung selbst, sondern aus dem, was nach Ankunft in Deutschland passiert. Der Durchmarsch in die Gettos der Ausgesteuerten funktioniert binnen weniger Tage. Die Eingliederung in die Ausgabestellen des Sozialstaats benötigt keine vier Wochen. So bilden Alimentation und Ausgrenzung jene widrige Wirklichkeit, die den Neuankömmling erwarten.

Die Integration in den bundesdeutschen Arbeitsmarkt und in das dazugehörige Bildungssystem findet de facto kaum statt, was die gesellschaftliche Kluft zwischen Zuwanderern und Einheimischen erst vertieft und dann verhärtet. Die Aufstiegssehnsucht der Migranten wird so wenig erfüllt wie die Anpassungserwartung der angestammten Bevölkerung. Es kommt beiderseits zu sozialen und kulturellen Abstoßungsreaktionen, die dann ihrerseits das politische System unter Stress setzen.

Deutschland ist auch deshalb ein unglückliches Land, weil es – anders als in den USA oder Israel – nicht gelingt, die Ankunft der jungen Fremden in

Produktivität und Kreativität zu verwandeln. Das wiederum gelingt auch deshalb nicht, weil es bisher niemand ernsthaft und im großen Stil versucht hat. Die Aufstiegssehnsucht und das Streben nach Glück werden zurückgewiesen, weshalb es zur Verpuffung dieser eingewanderten Energiepotenziale kommt oder – schlimmer noch – zu ihrer Entfaltung im ökonomischen Untergrund von Clankriminalität, Drogenhandel, Prostitution und Sozialstaatsbetrug. Die unbequeme Wahrheit ist: Das Wort »Willkommenskultur« erreichte zwar die Schlagzeilen der Zeitungen, aber nie das wirkliche Leben der Republik.

Die zwei wichtigsten Subsysteme für eine erfolgreiche Integration – das Bildungssystem und der Arbeitsmarkt – wurden von den Verantwortlichen in den Relaisstationen nie der neuen Situation angepasst. Deshalb konnte sich in den Randzonen ökonomischer Aktivität eine Parallelwelt bilden. Der Staat ist zum Zuschauer seiner eigenen Unfähigkeit geworden. Im Getto der ökonomischen Untätigkeit züchtet er seine Gegner.

Aus dem niedrigen Bildungs- und Qualifikationsniveau der Zuwanderer ergibt sich die Größe der

Aufgabe. Bildung ist auch hier die Startinvestition, die sich später dann ökonomisch, sozial und kulturell verzinsen wird. Im besten Fall verlassen die neuen Bürger die Vorstädte, steigen in die Mittelschicht auf, erfahren die Schönheit einer wiedererstarkten deutschen Chancen- und Aufstiegsgesellschaft am eigenen Leib und revanchieren sich mit einem Beitrag, der das Land nicht besorgen, sondern bereichern wird.

Zweitens:
Den Sozialstaat
neu denken.

Der deutsche Sozialstaat beruht auf zwei Irrtümern, die auch dann Irrtümer bleiben, wenn sie Konrad Adenauer, Norbert Blüm und viele andere Sozialpolitiker in Tateinheit begangen haben. Adenauer meinte: Kinder kriegen die Leute immer. Er konnte sich nicht vorstellen, dass dies einmal nicht so sein würde. Die Geburtenrate hat sich seit den Sechzigerjahren des vorherigen Jahrhunderts nahezu halbiert.

Auf einen Rentner kamen zu Adenauers Zeiten sechs Arbeitnehmer, sprich Beitragszahler. Im Jahr 2040 aber werden weniger als zwei Arbeitnehmer einen Rentner finanzieren, wenn überhaupt. Man kann es drehen und wenden, wie man will, mein Freund: Die finanzielle Belastung für den aktiven Arbeiter im glühenden Kern unserer Volkswirtschaft wird zu groß und die Auszahlung für den Krustenbewohner dennoch zu gering.

Der eine kann die Verdoppelung seiner Rentenbeiträge nicht verkraften, den anderen führt die Halbierung der Auszahlung in bittere Not.

Die unbequeme Wahrheit lautet daher: Die bundesdeutsche Rentenformel funktioniert nicht mehr. Die Herzkranzgefäße unseres Sozialstaats sind verkalkt. Wir müssen einen langfristig funktionierenden Bypass legen.

Die immer neuen Zuschüsse aus der Steuerkasse – mittlerweile wird fast ein Drittel eines regulären Bundesetats als Subvention an die Rentenversicherung überwiesen – stellen bereits einen solchen Bypass da. Sie können das Problem kaschieren, aber sie können es niemals lösen.

Norbert Blüm, obwohl er sechzehn Jahre lang Arbeits- und Sozialminister war, unterschätzte die Dynamik auf dem Arbeitsmarkt. Er glaubte an den Fortbestand der Normalarbeitsverhältnisse, die bei steigender Produktivität die Rentenversicherung würden retten können. Doch das neue Maschinenzeitalter, in dem Kapital mit Kapital reagiert und die menschliche Arbeitskraft den produktiven Kern in

Kompaniestärke verlässt, kann diese Erwartungen nicht erfüllen. Blüms Irrtum war der Irrtum unserer Generation.

Lass uns die dadurch entstandene Problematik nun gemeinsam zu Ende denken, mein Freund. Es gibt keinen Grund, postum mit Norbert Blüm abzurechnen. Aber es gibt allen Grund, die Konstruktion unserer Altersvorsorge umzubauen. Die Rentenversicherung, deren Wohl und Wehe heute am Faktor Arbeit hängt, muss ihren Bezugspunkt wechseln. Der Faktor Kapital wächst und gedeiht. Wir sind unterwegs von der Angestelltenrepublik in einen neuen Kernkapitalismus. Das bedeutet: Wir müssen das Kapital ins Zentrum der Alterssicherung rücken – und zwar nicht individuell, sondern kollektiv.

Ein Staatsfonds, der die Gelder nicht von der Hand der Arbeitnehmer in den Mund der Rentner umverteilt, sondern die Sozialbeiträge wirklich aller Bürger am Kapitalmarkt investiert, verspricht in der heutigen Zeit eine funktionstüchtige Absicherung für alle. Der Bürger muss nicht erst auf Kapitalmarktexperte umschulen und kann dennoch am Wachstum des produktiven Kerns teilhaben, auch wenn dort Kapital und Kapital miteinander verschmelzen. Der Mensch, darin liegt das Besondere der Staatsfonds, entkoppelt sich von der Entwicklung der Erwerbsgesellschaft.

Das Umlagesystem der Sozialversicherung war die Antwort auf die industrielle Massengesellschaft. Der kapitalgedeckte Sozialstaat ist die Antwort auf ein Wirtschaftssystem, in dem Kapital mit Kapital reagiert und die menschliche Arbeitskraft an Relevanz verliert.

Der Bürger wird durch diese Umstellung der Altersvorsorge zum kleinen großen Mann, weil er nun an der Energie des kapitalistischen Kerns direkt partizipiert. Er ist nicht mehr Antragsteller bei einer Rentenbehörde, sondern Investor. Sein Radius verlässt mit der Umstellung das Territorium des Nationalstaates, weil der Staatsfonds weltweit investiert. Das bedeutet: Der deutsche Staatsfonds partizipiert, anders als das heutige Rentensystem, am Aufstieg der asiatischen Volkswirtschaften und in nicht allzu ferner Zukunft auch am Aufstieg Afrikas. Und der Clou: Er hilft mit seinen Investitionsgeldern, diesen Aufstieg aktiv herbeizuführen. So bilden die

Bekämpfung von Migrationsursachen und Investitionen in Umweltschutz einerseits und eine effektive Altersvorsorge andererseits die zwei Seiten der einen Medaille.

Dass diese Utopie funktioniert, kann man in Norwegen studieren, wo der Staat bereits im Jahr 1967 damit begonnen hat, einen ersten Staatsfonds mittels Sozialabgaben finanziell auszustatten. Heute ist der norwegische Staatsfonds der größte Staatsfonds der Welt. Seine Manager – die keine Rentenexperten, sondern Kapitalmarktprofis sind – erwirtschaften regelmäßig hohe Erträge, sodass jährliche Renditen in Höhe von etwa vier Prozent an die Bürger Norwegens ausgezahlt werden können.

Das gleiche Prinzip würde auch für die Kranken- und die Pflegeversicherung funktionieren. Der Faktor Kapital, der mit der globalen Digitalisierung wie nie zuvor im Zentrum des neuen Kern-Kapitalismus steht, wird zum Bezugsrahmen der sozialen Sicherung.

Damit entkoppelt sich Deutschland von den negativen Effekten, die sich aus Geburtenrückgang, Überalterung und der immer größeren Bedeutung des Kapitals für den Kern unserer Volkswirtschaft ergeben. Und: Das Land überwindet – in der Rolle des internationalen Investors – die Enge des Nationalstaats und wird vom stillen Teilnehmer zum Treiber der technologischen Revolution.

Drittens:
Ein neues europäisches
Narrativ erzählen.

»Narrative« sind mächtige Geschichten, die unserem Denken, Streben und Tun einen Sinn und einen Rahmen geben. Ein Land, das keine kraftvolle Geschichte über sich zu erzählen weiß, hängt in den Seilen, trauert oder trinkt Dosenbier.

Das Narrativ einer Gesellschaft ist zu bedeutsam, als dass eine Werbeagentur oder die Spindoktoren der Parteien es entwickeln und dann vorgeben könnten. Nur wenn die Erzählung glaubhaft und authentisch ist, erzählt der eine sie dem anderen weiter.

Erfolgreiche Narrative, sagt der Bestsellerautor und Transformationsberater Christoph Keese, brauchen fünf Bestandteile:

»Ein ungelöstes Problem; den Mut, es zu erkennen; den Willen, es zu lösen; die Kraft, ein Ziel zu beschreiben, und die Verpflichtung, es zu erreichen.«

Große Völker besitzen immer auch große Narrative. Von ihnen geht Deutungsmacht aus. Sie besitzen Mobilisierungspotenzial. Sie enthalten eine Selbstverpflichtung. Das chinesische Narrativ erzählt von einem elenden Bauernvolk, das den einsamen Entschluss gefasst hat, wieder an die Weltspitze aufzusteigen. Und mit »Weltspitze« meint man nicht die Bronze- oder Silbermedaille, sondern Gold für alle. In der Idee von »der harmonischen Gesellschaft« wurde dieser Wille zum kollektiven Aufstieg als politisches Programm verabschiedet.

Das amerikanische Narrativ berichtet von einem Zweikampf zwischen dem jungen Aufsteiger China und dem in die Jahre gekommenen Titelverteidiger, der sich fortwährend seiner Vitalität versichert. Rocky, die Neuverfilmung. Amerika, die auserwählte Nation, verlangt von sich selbst nichts Geringeres als den angestammten Platz als weltliche Führungsmacht.

Das britische Narrativ berichtet von einem tapferen Inselvolk, das sich nicht kolonialisieren lassen will, auch nicht von den gutmütigen Kolonialherren aus Brüssel.

Der Streifen, der in unseren deutschen Kopfkinos läuft, heißt »Der große Bammel«. Ein Volk ängstigt sich zu Tode – vor dem Islam, vor Datenmissbrauch, dem Amerika des Donald Trump, China, dem Klimawandel, der Gentechnik, den Handystrahlen, der Rückkehr einer düsteren nationalsozialistischen Vergangenheit und neuerdings vor der ersten und der zweiten Welle eines Virus. Und vor dem nächsten Morgen sowieso. Kein Wunder, dass eine Armee der Schlechtgelaunten durch unser Land marschiert. Das deutsche Narrativ der Nachkriegszeit – wir schaffen durch harte Arbeit »Wohlstand für alle« – wurde ad acta gelegt. Das Narrativ der Gegenwart ist eine Verlierererzählung, mit der sich im wörtlichsten aller Sinne kein Staat machen lässt.

Die Erzählungen der Amerikaner und Chinesen sind Politthriller, die ihre eigene Bevölkerung unter Spannung setzen. Die deutsche Erzählung aber gleicht einer tragischen Komödie. Sie handelt von Schuld und Sühne, dem Aufspüren von Problemen, was man schon an den Schwarz-Weiß-Aufnahmen erkennt. Der Hauptdarsteller stolpert nicht nur an Silvester immer an derselben Stelle über den Teppich.

Das internationale Publikum ist nicht beeindruckt, nur amüsiert.

Verlierer erfreuen sich seit jeher einer gewissen Sympathie.

Deutschland müsste 75 Jahre nach der bedingungslosen Kapitulation des Dritten Reichs eine neue Erzählung entwickeln, und du, mein Freund, solltest dich daran beteiligen. Die Erlebnisse zweier Weltkriege und die Erfahrung des Zivilisationsbruchs müssen darin weiterhin vorkommen, aber ohne das Zukünftige zu erdrücken. Der wichtigste Protagonist eines zeitgenössischen Narrativs heißt nicht Adolf Hitler. Die Hauptbühne sieht nicht mehr aus wie das Konzentrationslager Auschwitz. Die Erkennungsmelodie darf nicht klingen wie die fünfte Neuvertonung der »Moorsoldaten«.

Es ist an der Zeit, unsere deutsche Erzählung ins Europäische zu öffnen, ohne die Nation zu verraten. »Wir, die deutschen Europäer«, so könnte die Überschrift lauten. Diese Erzählung setzt keine neue Großmannsidee in die Welt, sondern dementiert die Sucht nach Größe, Monopol, Dominanz und baut stattdessen eine dezentrale, gegen den großen Knall gewappnete, »antifragile« Welt, von welcher der Philosoph Nassim Taleb sagt, dass sie in Zeiten von Hochgeschwindigkeit und Hyperkomplexität dem Menschen ohnehin gemäßer sei.

Das Große und Starre, nur vermeintlich Robuste, sei einsturzgefährdet, so Taleb, wie die Sowjetunion, das Römische Reich oder die großen Wirtschaftskonglomerate. General Electric, ThyssenKrupp und Siemens erleben in diesen Tagen, was das bedeutet.

Das Konzept der Antifragilität bedeutet, mit dem Unbekannten umzugehen, ohne es zu verstehen, mit dem Zufall zu rechnen, ohne ihn vorhersagen zu können, den Irrtum nicht zu verdammen, sondern zu erwarten. Übertragen auf Europa würde das eine Konföderation von französischen, italienischen, österreichischen, deutschen Europäern mit all den anderen europäischen Nationen bedeuten. Ich glaube, mein Freund, das könnte eine für uns bekömmliche Geschichte sein. Sie handelt von Chancen und von Vielfalt.

Wir sind nicht gleich, aber ähnlich.

Wir verschmelzen nicht, aber wir tun uns zusammen.

Wir sind einander durch Geografie und Geschichte, Werte und Interessen verbunden. Gemeinsam sind wir verschieden – und daher stark.

Wir wollen die Welt von morgen nicht dominieren, wohl aber mitgestalten.

Der Mittelstand, zusammengesetzt aus Hunderttausenden von Familienunternehmen, bildet das ökonomische Rückgrat dieser europäischen Konföderation. Laut einer Statistik der Denkfabrik »Bruegel«, die unter dem Namen »European Firms in a Global Economy« veröffentlicht wurde, befinden sich 86 Prozent der italienischen Firmen in Familienbesitz, 80 Prozent der französischen, 83 Prozent der spanischen und sogar 90 Prozent der deutschen Unternehmen. Namen wie Barilla und Prada, Osborne und Zara, Bonduelle und Dupont, Bahlsen, Henkel, Oetker, Wacker, Würth und viele andere formen einen europäischen Markt, der von unterschiedlichsten Charakteren, aber gemeinsamen Spielregeln lebt.

Mit Erfindungsreichtum und Hartnäckigkeit, Mut und Bescheidenheit bearbeiten die Familienunternehmen die globalen Märkte. Diese »Hidden Champions« haben sich auf keinem Kontinent so zahlreich im produktiven Kern festgesetzt wie in Europa.

Dank ihrer Tugenden sind sie in vielen Märkten zu kleinen Monopolisten aufgestiegen, weshalb sie hohe Renditen erzielen und beispielsweise in Deutschland rund 60 Prozent aller Kernarbeiter beschäftigen. Laut der »Stiftung Familienunternehmen« ist in den großen Familienbetrieben die Beschäftigung binnen zehn Jahren (2007 bis 2016) um 23 Prozent gewachsen, während Dax-Konzerne nur ein Beschäftigungsplus von vier Prozent schafften. Mit ihrem Pioniergeist, ihrer kulturellen Bodenständigkeit und einem Wertekanon, zu dem soziale Verantwortung und Fairness gehören, füllen sie vielerorts das Vakuum, das der gesellschaftliche Rückzug von Kirchen, Gewerkschaften und Parteien hinterlassen hat.

Inmitten einer Welt in Unordnung geben uns diese Familienunternehmer Halt, weshalb die Gesellschaft sie stärker beachten, fördern und – ja, auch das – feiern sollte.

Die Familienunternehmer, mein Freund, kultivieren den wichtigsten nachwachsenden Rohstoff, den Europa zu bieten hat: Pioniergeist. In den Familienbetrieben finden wir jene Charakterköpfe, die in ihrer kauzigen Zielstrebigkeit den Weg in die Zukunft längst beschritten haben. Wenn Deutschland heute in Europa besser dasteht als alle anderen Volkswirtschaften, wenn Italien von seiner korrupten politischen Elite nicht aufgezehrt wurde und Frankreich trotz Dauerstreik und staatlicher Reformunfähigkeit nicht untergeht, so wie Spanien in neuem Glanze erblüht, dann liegt es nicht an den Managern der im Eurostoxx gelisteten Firmen, sondern an der stillen Zielstrebigkeit dieser mittelständischen Betriebe, ihrer Macher und ihrer Belegschaften.

Hier finden wir die Geschichten und Protagonisten, die dem Kontinent Hoffnung und Halt geben können. Dieses Narrativ imprägniert.

Wenn es uns gelingt, die Geschichte dieser Menschen und ihre Philosophie von Maß und Mitte, von tief empfundener Tradition und gelebter Globalität neu zu erzählen, klug mit der digitalen Revolution zu verbinden und zu einem europäischen Narrativ der Vielfalt zu verdichten, dann haben wir inmitten einer Welt, die zum Größenwahn neigt, auf der Suche nach einem deutschen ein europäisches Narrativ gefunden.

Dann müssen wir es nur noch weitererzählen. Und als Verpflichtung an uns selbst begreifen.

Dann muss alle europäische Politik, die bereits im Jahr 2000 die Lissabon-Strategie verabschiedet hat, wonach Europa bis zum Jahr 2010 »zum wettbewerbsfähigsten und dynamischsten wissensbasierten Wirtschaftsraum der Welt« werden sollte, auf dieses Narrativ einzahlen.

Das Deklarieren und Ignorieren der eigenen Ambition, wie mit eben dieser Lissabon-Strategie geschehen, darf eine europäische Öffentlichkeit den Mandatsträgern in Brüssel und Straßburg nicht ein zweites Mal durchgehen lassen. Darauf muss künftig die Höchststrafe der Demokratie stehen: die europaweite Abwahl einer Kaste von Deklarationspolitikern. Sie sagen Europa – und verraten es zugleich. Das künftige europäische Narrativ muss eine Heldensaga sein, die von echter Ambition und nachprüfbaren Taten erzählt.

Das europäische Narrativ muss nicht neu erfunden, nur freigelegt, verdichtet und erzählt werden. Es beinhaltet ein Aufstiegsversprechen, das mit Investitionen in Sprache, in Bildung, in Digitalisierung und freie Forschung unterlegt gehört. Es beendet das, was das Historiker-Ehepaar Marina und Herfried Münkler die »Dämonisierung der Probleme« nennt. Vom nationalistischen »Ich« zum europäischen »Wir«, das ist das Narrativ dieses Kontinents. Die Großartigkeit dieser Erzählung liegt darin, dass sie gar keine Großartigkeit für sich beansprucht. Sie ist lebensnah und frei von Gefühlen politischer Übersteigerung. Wir sind in dieser Erzählung ganz bei uns, denn sie handelt von der Balance des guten Lebens.

In diesem Streben nach Balance können Ökologie und Ökonomie, Nationalstaat und Europa, Traditionalisten und Himmelsstürmer zueinanderfinden. Wobei eine Warnung, mein Freund, ausgesprochen werden muss, um deine spätere Enttäuschung zu vermeiden:

Dieses Narrativ strebt nicht nach Endgültigkeit, sondern beschreibt eine Suchbewegung. Wir beide wissen ja: Nur die Helden mittelmäßiger Filme lösen ihre Probleme.

Viertens:
Du musst der Unternehmer
deines Lebens werden.

Die Chinesen haben vor nunmehr 500 Jahren die Schiffe ihrer Weltmeerflotte in Brand gesteckt. Man träumte von eigener Großartigkeit in einer begrenzten Welt. Licht aus! Lieber am Rande der Welt in Düsternis leben, als im Innern lichterloh verbrennen, dachte man zu Zeiten der Ming-Dynastie. Es ging um die Wiederentdeckung des kleinen Glücks. So stempelten die Chinesen ihre Zeitgenossenschaft ungültig.

Als sie aus der Weltabgewandtheit erwachten, fanden sie sich in erbärmlicher Armut wieder; das Volk hungernd, frierend, in Massen sterbend, die Eliten verblödet. Nie hatte sich eine entwickelte Nation eine tiefere Verletzung zugefügt. Eine bis heute andauernde Aufholjagd begann.

Auch für uns beide, mein Freund, gilt erhöhte Wachsamkeit angesichts einer Welle nostalgischer Gefühle, die bereits große Teile des Landes geflutet hat. Eine Volkswirtschaft, die ihre Wertschöpfungsketten rund um den Globus verlegt und eine

Kundschaft aus aller Herren Länder beliefert, kann sich derartige Gefühle nur schwerlich leisten. Das heutige Deutschland ist global – oder gar nicht. Wer das Streichholz auch nur in die Nähe unserer Exportfrachter hält, ist nicht ganz bei Sinnen.

Die größte Gefahr besteht darin, dass wir nur über Gefahren sprechen. Der Blick in den Rückspiegel ist schon deswegen eine gefährliche Leidenschaft, weil das weite Land der Chancen vor und nicht hinter uns liegt. »Wer nicht zur Flucht nach vorne bereit ist, neigt zu Melancholie und Übergewicht«, sagt Peter Sloterdijk. Wir werden lernen müssen, mit unserer Angst zu leben, so wie der Neurotiker mit seinen Neurosen.

Das verwirrende Nebeneinander von Fleischessern, Vegetariern und Veganern an unseren Abendbrottischen, die Gleichzeitigkeit von großen Dieselfahrzeugen, Elektrorollern und Lastenfahrrädern auf unseren Straßen, die jungen, farbigen Migranten, die neben alten, weißen Männern und Frauen unsere Stadtparks bevölkern, all das gehört zu Deutschland. Die Plastiktüte spricht mit dem Jutebeutel, so wie das Windrad mit der Waffenfabrik von Heckler & Koch, die aus Oberndorf am Neckar nahezu alle Armeen der Nato mit Handfeuerwaffen versorgt.

In Erweiterung dessen, was Amerikaner und Russen zu Zeiten des Kalten Kriegs als »Politik der friedlichen Koexistenz« bezeichnet haben, brauchen wir eine kreative Koexistenz der Lebensstile und Kulturen, die den Talenten weltweit den Teppich ausrollt und nicht nur unseren deutschen Blutsbrüdern die Flasche entkorkt.

Auch in diesem Deutschland der vorsätzlichen Vielfalt, das muss aus Gründen der Lauterkeit hinzugefügt werden, wird keine Alice-im-Wunderland-Situation entstehen, weshalb der wehrhafte Rechtsstaat und seine strikte Regelsetzung gebraucht werden. Die Herrschaft des Rechts ist auch in moderner Zeit unverzichtbar. Die Nation wird erweitert, ihre zivilisatorischen Errungenschaften aber werden nicht verraten. Deutschland soll sich wandeln, aber nicht aufgeben. Wir wollen von anderen gemocht, aber nicht enteignet werden.

Liebe Freunde, in Zeiten des Umbruchs ist Zuversicht erste Bürgerpflicht, auch wenn wir nicht genau wissen, was der Weltgeist im Schilde führt: Will er uns Menschen verachten, missbrauchen, kompromittieren oder doch eher ertüchtigen und schließlich beglücken?

Das Verrückte ist, wir können nicht ausschließen, dass die neuen Technologien beides zugleich versuchen. Dass sie uns beglücken, wenn wir auf der Intensivstation mit dem Tod ringen, wenn das Frühchen im Kreißsaal nach Luft japst und der Mann am Steuer des Airbus dem Wahnsinn verfällt, aber der Bordcomputer uns sanft auf den Boden bringt.

Und genauso wenig können wir ausschließen, dass uns dieses supersmarte Etwas schon einen Tag später erniedrigt, weil wir erkennen müssen, dass es vieles besser, schneller und günstiger erledigt als wir.

Der Unternehmer der Zukunft ist nicht der andere, sondern das bist du. Der Staat, der sich jetzt in allen Lebenslagen wichtigmacht, wird die Probleme niemals lösen können. Er schafft es nicht einmal, ein Unternehmen wie Wirecard zu beaufsichtigen, ohne dass 20 Milliarden Euro Anlegergeld sich in Luft auflösen. Der Staat in seiner heutigen Verfassheit ist das Problem, nicht die Lösung.

Das genau ist deine Chance. Du musst der Unternehmer deines Lebens werden, wozu man weder eine AG noch GmbH anmelden muss. Es geht darum, etwas zu wagen. Deine Lust auf Neues ist die größte noch unerschlossene Produktivkraft Europas. Die an der Relaisstation organisierte Staatlichkeit kann dir helfen, aber kann dich nicht ersetzen. Du selbst musst mit deinem Wagemut und deiner Innovationskraft in den glühend roten Kern unserer Volkswirtschaft vorstoßen. Dein Proviant seien Bildung und Erfindergeist. Wir als Gesellschaft – und das heißt du und ich – müssen wieder etwas wagen. Die Tür zum Zug in Richtung Zukunft steht schon offen. Lass uns einsteigen, mein Freund.

*

Ich habe nunmehr mit dir, meine Freundin, mein Freund, beides geteilt, meine Ängste und meine Zuversicht. Ich habe versucht, nicht zu beschönigen und nicht zu dramatisieren. Indem wir darüber sprechen, so hat Hannah Arendt einst gesagt, vermenschlichen wir das, was in der Welt ist. Das Kalte erwärmt sich. Das Starre lässt sich plötzlich biegen. Wir verbinden uns mit dem anderen.

Ich danke dir für deine Zeit. Möge die deutsche Schwermut verwehen und eine neue Leichtigkeit uns erheben. Alles beginnt damit, dass wir wieder das Gefühl des Anfangs in uns spüren, der ein Anfang ohne Angst sein soll.

Die Demütigungen des Alltags weisen wir gemeinsam zurück.

Wir sind nicht frech, nur anspruchsvoll.

Wir wollen nicht links und nicht rechts regiert werden, nur vernünftig.

Wir sind souveräne Bürger und keine Untertanen.

Die Medien – das sei abschließend nochmals gesagt – spielen bei der Selbstaussöhnung des Landes eine Rolle, die nicht zu unterschätzen ist. Journalismus ist in seinen besten Stunden ein dialogisches Verfahren zur Annäherung an die Wirklichkeit. Der gute Journalist spricht nicht mit feuchter Aussprache. Er streckt die Hand aus, er ballt sie nicht zur Faust. Er wird auch im Kampf der Kulturen und Meinungen nicht zum Schwarzhändler auf dem Waffenmarkt der Worte. Er benötigt dazu vielmehr einen neuen kategorischen Imperativ:

Schließe nicht aus, dass die Position deines Gegenübers richtig sein könnte.

Ein glückliches Leben, so hat es uns Rainer Maria Rilke gelehrt, bedeutet nichts Geringeres als »die Verwandlung der Welt ins Herrliche«. Und falls uns das mit der Herrlichkeit nicht im ersten Anlauf gelingt, liebe Freundin und lieber Freund, dann versuchen wir es morgen früh noch einmal: Zukunft ist nur ein anderes Wort für Zuversicht.

Ich bedanke mich für deine Aufmerksamkeit.

Die unbequeme Wahrheit in Grafiken

Die wirtschaftliche Situation Deutschlands

Beispielloser Einbruch in der Krise

Deutscher Export gegenüber dem Vorjahresmonat, in Prozent

- +1,6 — 1/2019
- -0,3 — 4/2019
- -8 — 6/2019
- +3,6 — 7/2019
- +4,6 — 9/2019
- +2,4 — 12/2019
- -2,0 — 1/2020
- -7,7 — 3/2020
- -29,7 — 5/2020

Quelle: dpa, Statistisches Bundesamt

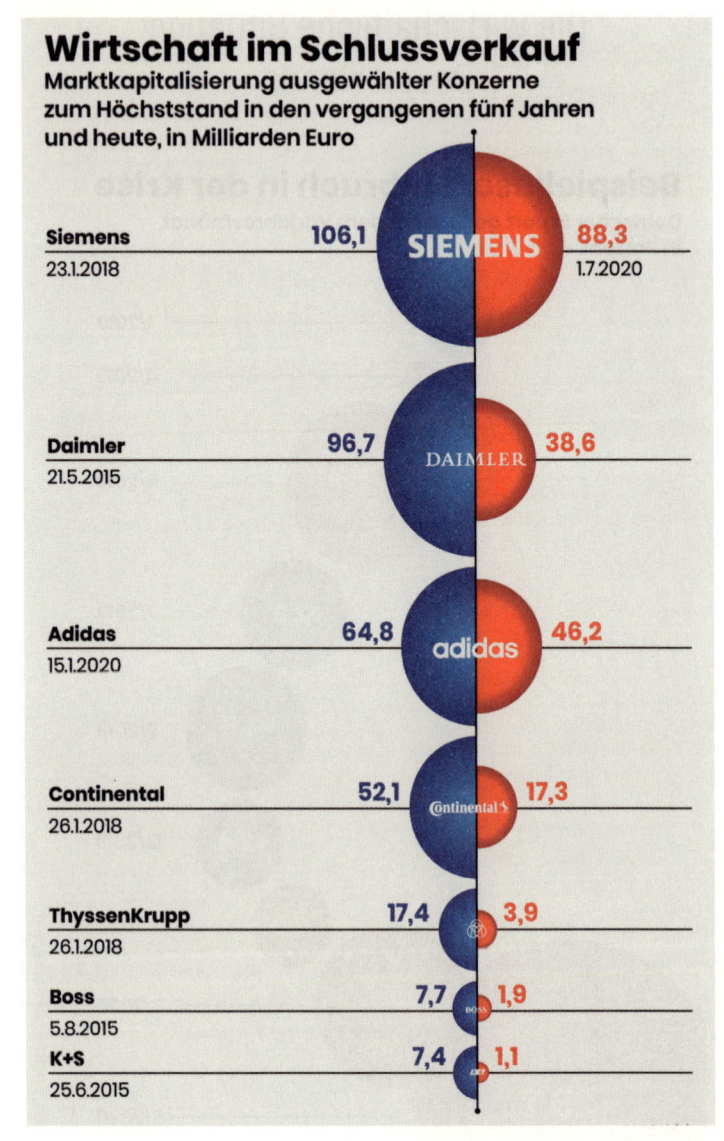

Wirtschaft im Schlussverkauf

Marktkapitalisierung ausgewählter Konzerne zum Höchststand in den vergangenen fünf Jahren und heute, in Milliarden Euro

Unternehmen	Höchststand	Heute (1.7.2020)
Siemens (23.1.2018)	106,1	88,3
Daimler (21.5.2015)	96,7	38,6
Adidas (15.1.2020)	64,8	46,2
Continental (26.1.2018)	52,1	17,3
ThyssenKrupp (26.1.2018)	17,4	3,9
Boss (5.8.2015)	7,7	1,9
K+S (25.6.2015)	7,4	1,1

Quelle: Bloomberg Markets, finanzen.net

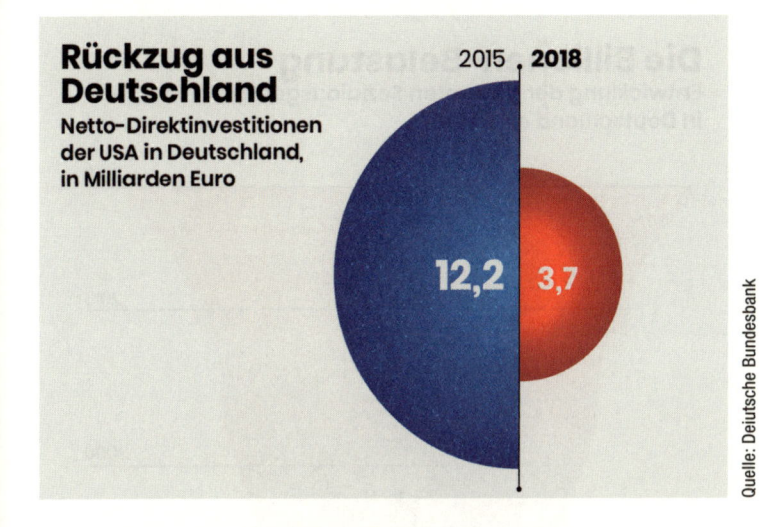

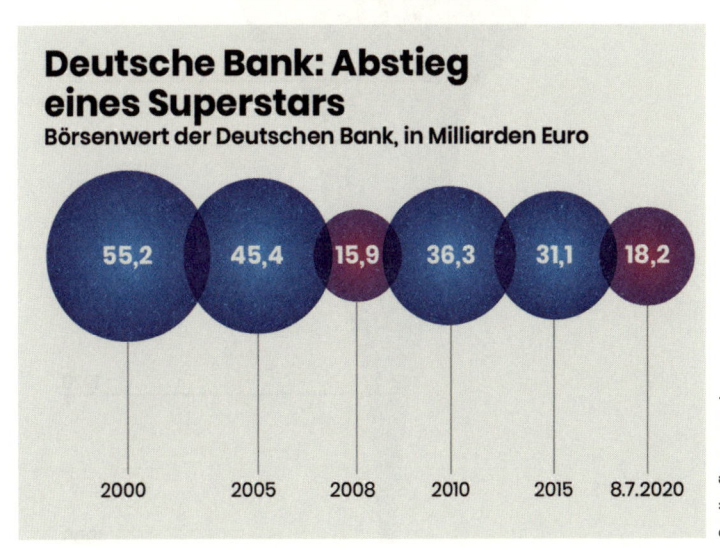

Rückzug aus Deutschland
Netto-Direktinvestitionen der USA in Deutschland, in Milliarden Euro

2015: 12,2
2018: 3,7

Quelle: Deiutsche Bundesbank

Deutsche Bank: Abstieg eines Superstars
Börsenwert der Deutschen Bank, in Milliarden Euro

2000	2005	2008	2010	2015	8.7.2020
55,2	45,4	15,9	36,3	31,1	18,2

Quelle: finanzen.net

Die Billionen-Belastung
Entwicklung der gesamten Sozialausgaben in Deutschland seit 1960

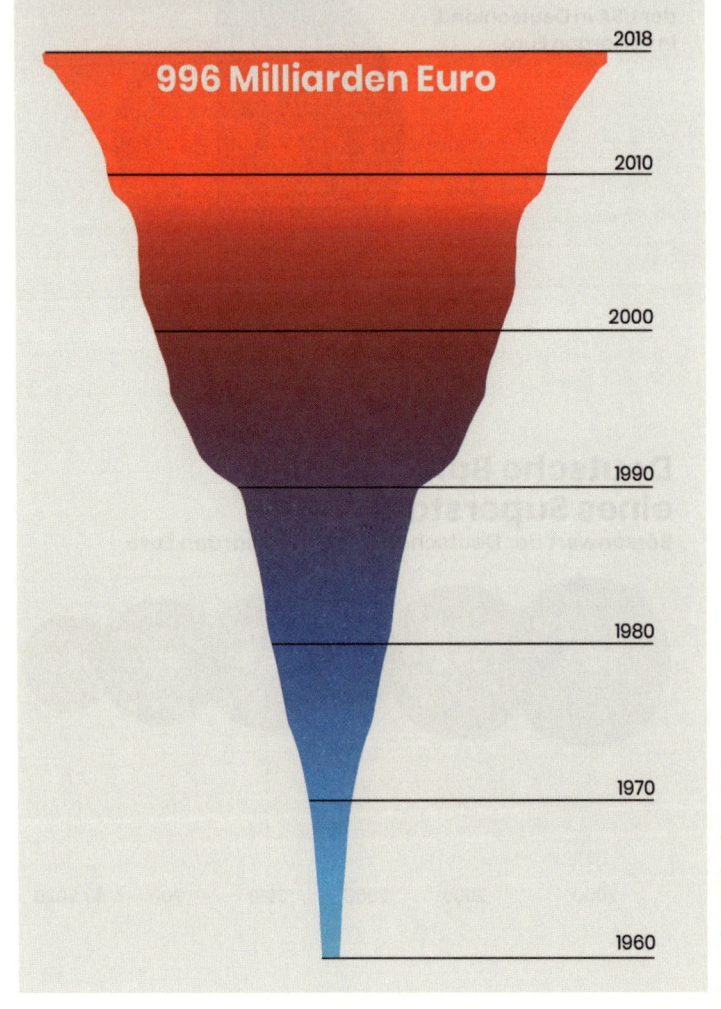

996 Milliarden Euro

2018
2010
2000
1990
1980
1970
1960

Quelle: Statistisches Bundesamt

Die schwindende Arbeiterklasse
Mitglieder in den einzelnen Gewerkschaften des DGB, in Millionen

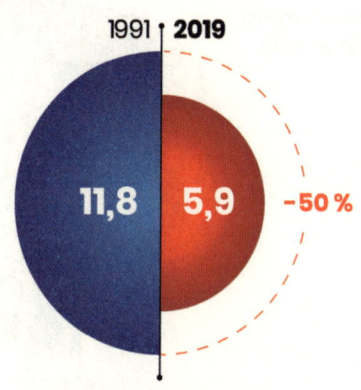

1991 | **2019**

11,8 | 5,9 —50 %

Quelle: DGB

Der Zinsschaden
DZ-Bank-Prognose: Geldvermögen 2019 gegenüber Summe der Zinseinbußen privater Haushalte seit 2010

6,6 Billionen €
Geldvermögen*

358 Mrd. €
Zinsschaden

*Bankeinlagen, Anleihen, Versicherungen

Quelle: DZ Bank

Leben am Limit
Anzahl der Empfänger der Grundsicherung im Alter und bei Erwerbsminderung, 2005 gegenüber 2019

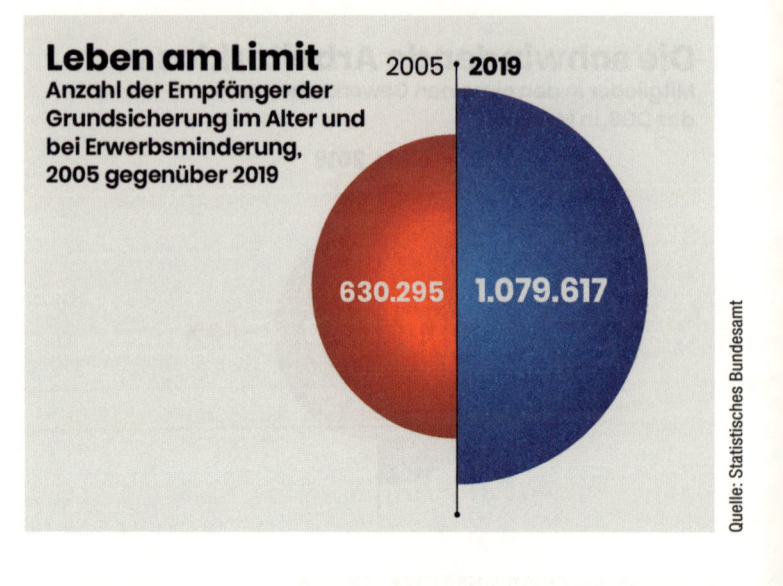

2005 • **2019**

630.295 | 1.079.617

Quelle: Statistisches Bundesamt

Prekäre Beschäftigung wächst rasant
Anstieg der sozialversicherungspflichtig Beschäftigten gegenüber atypisch* Beschäftigten seit dem Jahr 2000, indexiert in Prozent

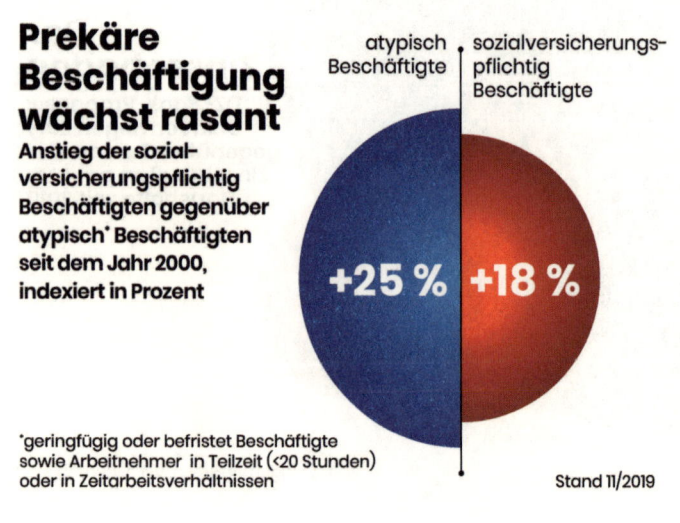

atypisch Beschäftigte | sozialversicherungspflichtig Beschäftigte

+25 % | +18 %

*geringfügig oder befristet Beschäftigte sowie Arbeitnehmer in Teilzeit (<20 Stunden) oder in Zeitarbeitsverhältnissen

Stand 11/2019

Quelle: BMAS

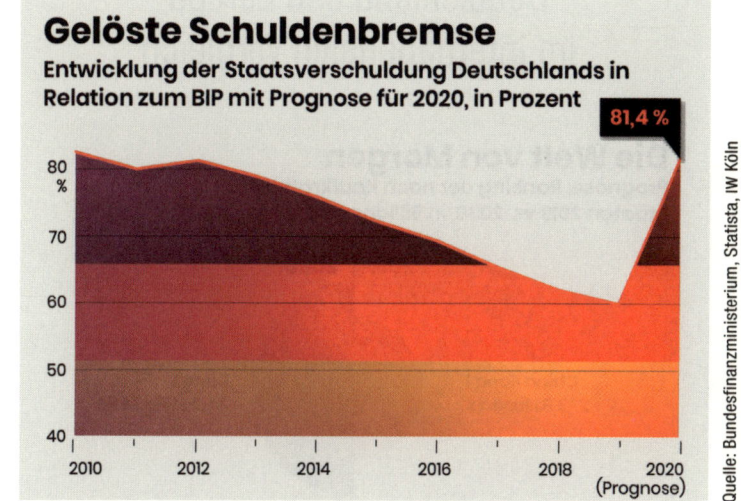

DIE UNBEQUEME WAHRHEIT 199

Gelöste Schuldenbremse
Entwicklung der Staatsverschuldung Deutschlands in Relation zum BIP mit Prognose für 2020, in Prozent

81,4 %

Quelle: Bundesfinanzministerium, Statista, IW Köln

Belastung für die nächsten Generationen
Summe der impliziten und expliziten Staatsschulden für Deutschland, in Billionen Euro

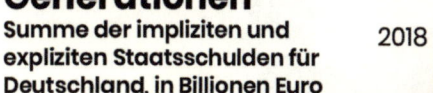

2018 | 7/2020

7,4 | 11,9

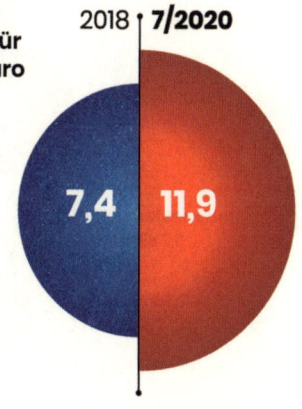

Quelle: Stiftung Marktwirtschaft

GABOR STEINGART

Deutschland und Europa im internationalen Vergleich

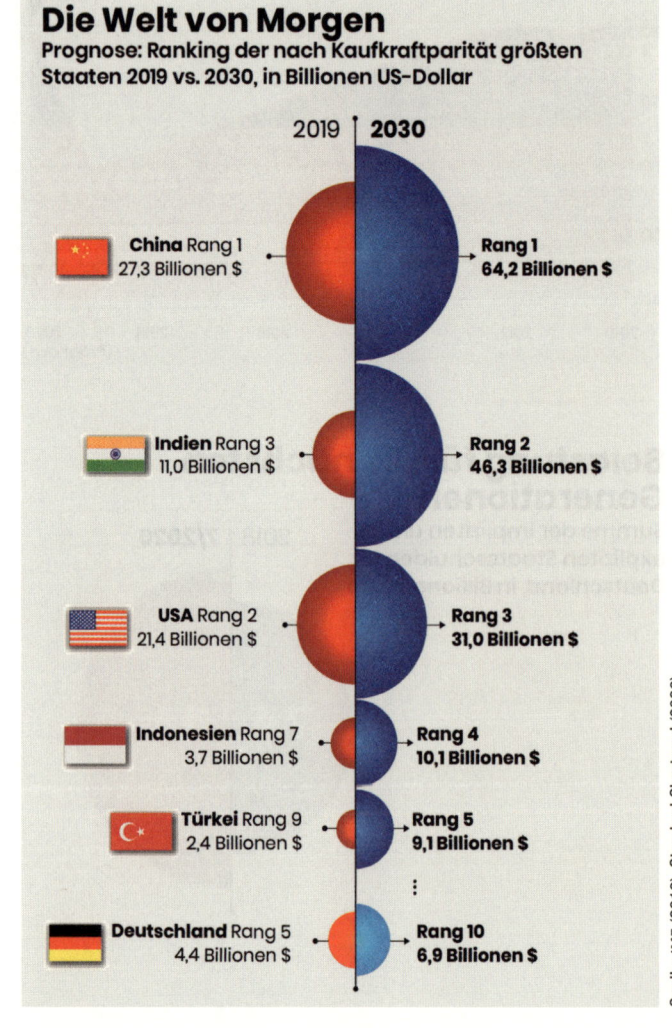

Die Welt von Morgen
Prognose: Ranking der nach Kaufkraftparität größten Staaten 2019 vs. 2030, in Billionen US-Dollar

2019

- **China** Rang 1 — 27,3 Billionen $
- **Indien** Rang 3 — 11,0 Billionen $
- **USA** Rang 2 — 21,4 Billionen $
- **Indonesien** Rang 7 — 3,7 Billionen $
- **Türkei** Rang 9 — 2,4 Billionen $
- **Deutschland** Rang 5 — 4,4 Billionen $

2030

- Rang 1 — 64,2 Billionen $
- Rang 2 — 46,3 Billionen $
- Rang 3 — 31,0 Billionen $
- Rang 4 — 10,1 Billionen $
- Rang 5 — 9,1 Billionen $
- ⋮
- Rang 10 — 6,9 Billionen $

Quelle: IMF (2019), Standard Chartered (2030)

Die wettbewerbsfähigsten Länder der Welt

Die Top Ten im IMD World Competitiveness Ranking*
2020, dazu die Position Deutschlands

#	Land	Punkte
1	Singapur	100
2	Dänemark	99,5
3	Schweiz	98,4
4	Niederlande	98,4
5	Hongkong	97,1
6	Schweden	95,9
7	Norwegen	94,6
8	Kanada	93,5
9	VAE	93,5
10	USA	92,4
17	Deutschland	85,9

*Punktesystem basierend auf 235 verschiedenen Indikatoren

Quelle: IMD World Competitiveness Center

Deutschlands wertvollster Konzern abgeschlagen

Die weltweit größten, börsennotierten Unternehmen nach Marktkapitalisierung, in Billionen US-Dollar*

1. Saudi Aramco 1,6
2. Microsoft 1,2
3. Apple 1,11
4. Amazon 0,97
5. Alphabet 0,8
6. Alibaba 0,52
7. Facebook 0,48
8. Tencent 0,47
9. Berkshire H. 0,44
10. Johnson J. 0,35

50. SAP 0,14

*Segmenthöhe definiert Wertverhältnis

Quelle: PwC, Mai 2020

Deutschland: Nation der Hidden Champions
Anzahl der mittelständischen Weltmarktführer ausgewählter Länder*

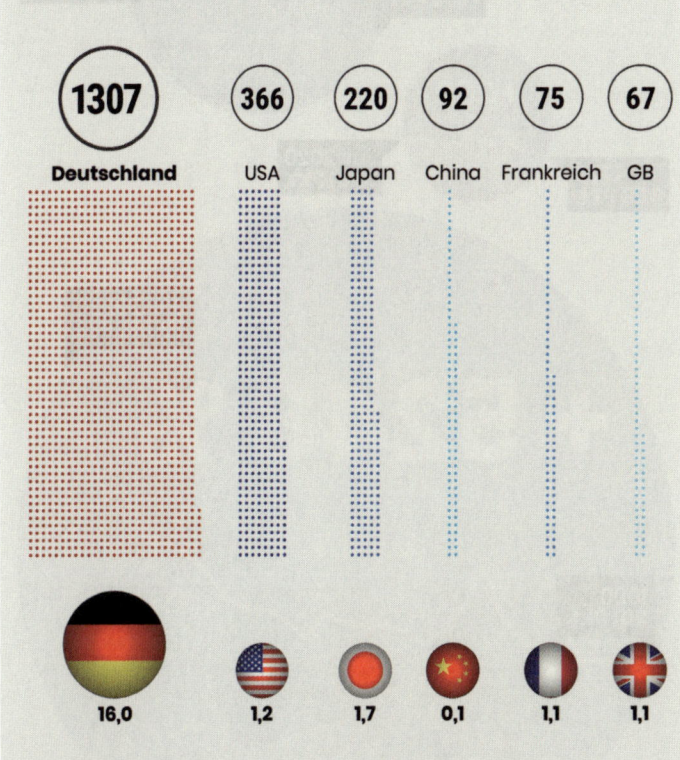

Deutschland	USA	Japan	China	Frankreich	GB
1307	366	220	92	75	67
16,0	1,2	1,7	0,1	1,1	1,1

pro Mio. Einwohner

Stand 2020 *2734

Quelle: Simon Kucher & Partner

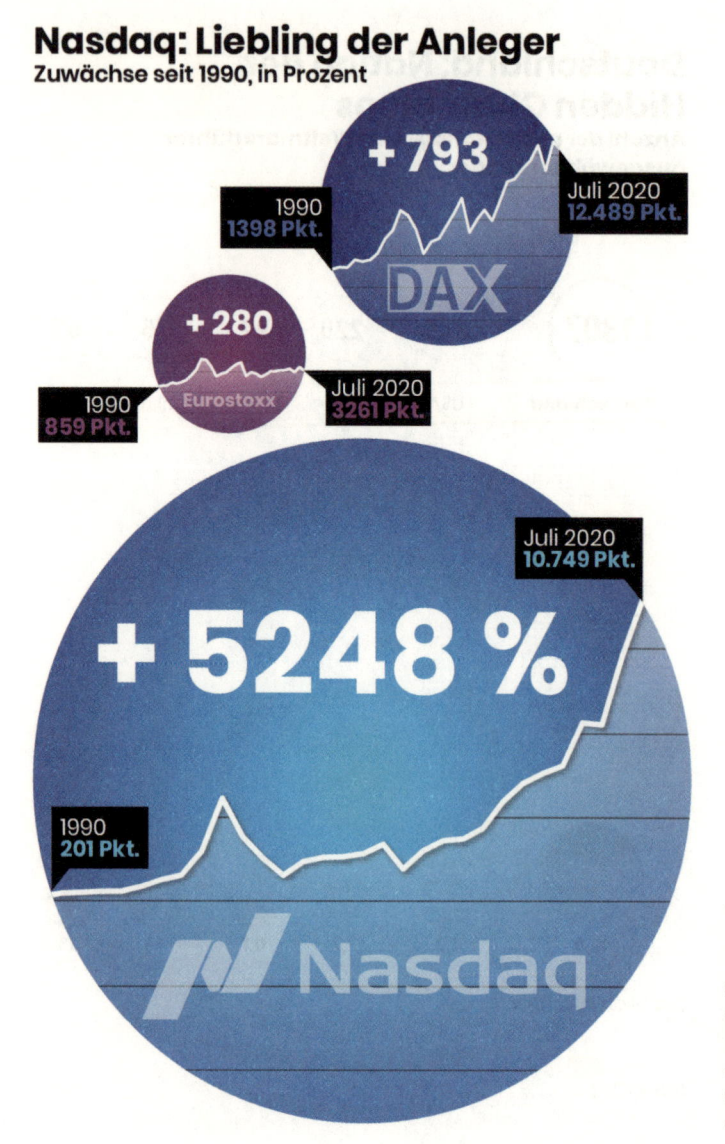

Nasdaq: Liebling der Anleger
Zuwächse seit 1990, in Prozent

+ 793
1990: **1398 Pkt.**
Juli 2020: **12.489 Pkt.**
DAX

+ 280
1990: **859 Pkt.**
Juli 2020: **3261 Pkt.**
Eurostoxx

+ 5248 %
1990: **201 Pkt.**
Juli 2020: **10.749 Pkt.**
Nasdaq

Quelle: boerse.de, finanzen.net

Daimler ausgebremst
Marktkapitalisierung von Tesla und Daimler, in Milliarden Euro

Tesla:
- 1,8 — Börsengang Tesla 29.6.2010
- 85 — 22.1.2020 Corona Krise
- 199 Mrd. € — 3.7.2020

Daimler:
- 58,21
- 52,0
- 39,8

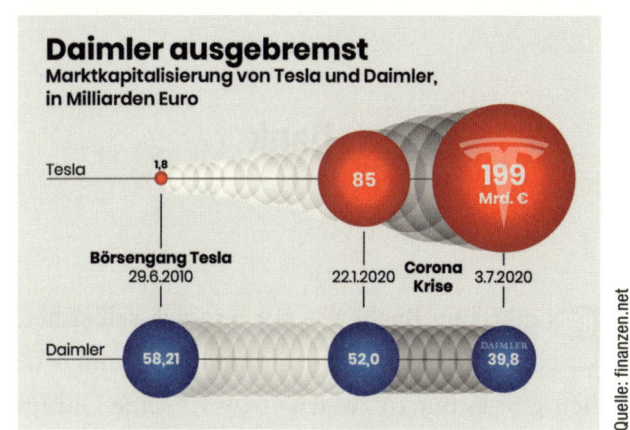

Quelle: finanzen.net

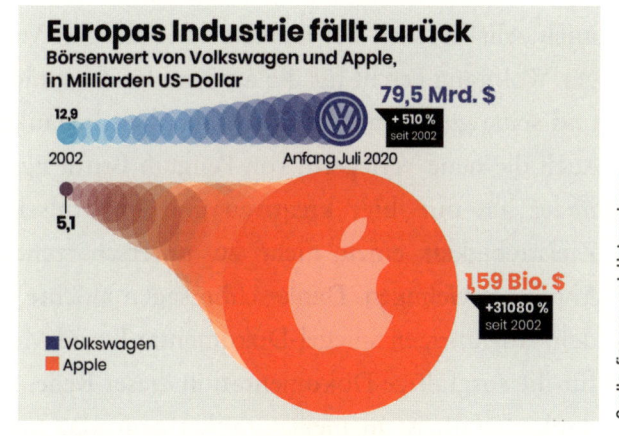

Europas Industrie fällt zurück
Börsenwert von Volkswagen und Apple, in Milliarden US-Dollar

Volkswagen:
- 12,9 (2002)
- 79,5 Mrd. $ (Anfang Juli 2020) — +510 % seit 2002

Apple:
- 5,1 (2002)
- 1,59 Bio. $ — +31080 % seit 2002

- Volkswagen
- Apple

Quelle: finanzen.net, Unternehmen

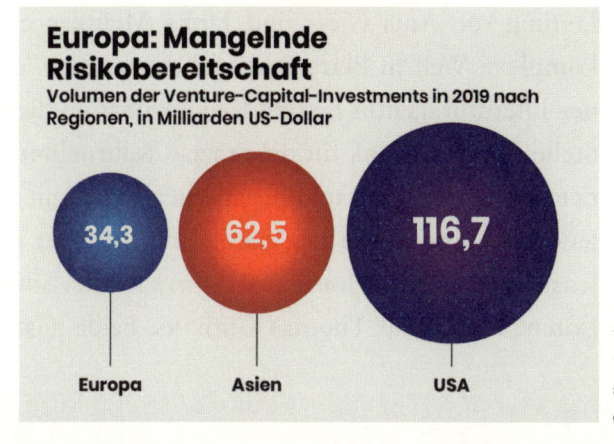

Europa: Mangelnde Risikobereitschaft
Volumen der Venture-Capital-Investments in 2019 nach Regionen, in Milliarden US-Dollar

- Europa: 34,3
- Asien: 62,5
- USA: 116,7

Quelle: atomico

Dank

Es gibt kein Buch, das nur aus sich selbst heraus entsteht. Der Satz von Hannah Arendt »Wahrheit gibt es nur zu zweien« beweist seine Gültigkeit schon bei der Wahrheitssuche. Deshalb möchte ich mich sehr herzlich bei meinem langjährigen Verleger Wolfgang Ferchl für die anregenden Gespräche und seine gewissenhafte Lektoratsarbeit bedanken. Auch die neue Verlegerin von Penguin Britta Egetemeier hat mit ihrer kreativen und empathischen Zielstrebigkeit einen nicht zu unterschätzenden Anteil am Gelingen. Dankeschön sagen möchte ich dem langjährigen Spiegel-Dokumentar Bernd Musa für die sorgfältige Dokumentation dieser Rede. Ich danke herzlichst meinem Grafikerteam, das unter Leitung von Anja Giese und Janka Meinken eine komplexe Welt in klare Bilder übersetzt hat. Meiner Literaturagentin Bettina Keil gebührt an dieser Stelle ein Dauerdank für die präzise Wahrnehmung der kaufmännischen und juristischen Arbeiten, die jede Buchproduktion begleiten. Und last, but not least danke ich der Journalistin Josy Müller sowie Lorenz Lanig und Thomas Güthaus, beide zuständig für Produktion und Sounddesign, für die gemeinsame Arbeit an der eleganten Vertonung dieser Rede. Hier gewinnt der Text eine tiefe Eindringlichkeit. Dankeschön an euch alle!

Die Welt ist aus den Fugen geraten

Konflikte und Komplexität überfordern unsere Institutionen und Politiker. Ein aggressiver Finanzkapitalismus zehrt die Wirtschaft aus, die tragende Mitte unserer Gesellschaft wird immer weiter ausgehöhlt. Warum wir trotzdem nicht verzweifeln müssen und wie wir im Zeitalter der Überforderung gut leben können, erklärt Gabor Steingart in »Weltbeben«. Das Buch bietet beides: schonungslose Analyse und Hoffnung auf eine Zukunft, die wieder Zuversicht verdient.

»Harsche Kritik, schonungslose Analyse – für Steingart die Voraussetzungen zur Veränderung.«
ZDF Aspekte

»Mehr produktiven Streit wagen, muss die Devise sein. Sein Buch bietet dafür eine gute, gut geschriebene und gut bekömmliche Grundlage.«
Jens Spahn, Cicero

PENGUIN VERLAG

Jetzt reinlesen auf www.penguin-verlag.de